河南省哲学社会科学规划项目（项目编号：2023BJJ028）

河南省高校人文社会科学研究一般项目（项目编号：2023-ZZJH-033）

杨晓娜 ◎ 著

产学研协同创新对区域经济与科技协调发展的影响研究

The Effect of Industry-University-Research Collaborative Innovation on the Coordinated Development of Regional Economy and Science & Technology

中国财经出版传媒集团

经济科学出版社

Economic Science Press

·北京·

图书在版编目（CIP）数据

产学研协同创新对区域经济与科技协调发展的影响研究/杨晓娜著．――北京：经济科学出版社，2023.12

ISBN 978 - 7 - 5218 - 4292 - 0

Ⅰ.①产… Ⅱ.①杨… Ⅲ.①产学研一体化-区域经济发展-协调发展-研究-中国②产学研一体化-科技发展-协调发展-研究-中国 Ⅳ.①F127②N12

中国版本图书馆 CIP 数据核字（2022）第 217545 号

责任编辑：杜　鹏　郭　威
责任校对：刘　昕
责任印制：邱　天

产学研协同创新对区域经济与科技协调发展的影响研究

杨晓娜　著

经济科学出版社出版、发行　新华书店经销

社址：北京市海淀区阜成路甲 28 号　邮编：100142

总编部电话：010-88191217　发行部电话：010-88191522

网址：www. esp. com. cn

电子邮箱：esp@ esp. com. cn

天猫网店：经济科学出版社旗舰店

网址：http://jjkxcbs. tmall. com

固安华明印业有限公司印装

710×1000　16 开　11.75 印张　190000 字

2023 年 12 月第 1 版　2023 年 12 月第 1 次印刷

ISBN 978 - 7 - 5218 - 4292 - 0　定价：88.00 元

序　言

得知杨晓娜博士的博士学位论文将以学术专著的形式出版，我感到非常高兴。她请我为这本书作序，我不假思索便欣然答应。

杨晓娜是我培养的一名管理科学与工程博士。从 2016 年 9 月到 2021 年 10 月，她在我的指导下于南京航空航天大学经济与管理学院攻读管理科学与工程学科的博士学位。由于她天资聪颖、品学兼优、勤学好问、喜欢钻研、思维活跃、创造力强，故读博期间成果丰硕、表现出色。

经过五年的理论学习、潜心研究、认真写作和反复修改，杨晓娜的研究课题《产学研协同创新对区域经济与科技协调发展的影响研究》通过了同行评议，是一篇选题好、水平高、创新大的课题。它以"产学研协同创新对区域经济与科技协调发展的影响"这个前沿理论和重要实践问题为研究主题，采用理论分析、定量分析、实证研究和案例研究相结合的研究方法，对论文涉及的有关理论与实践问题进行了比较深入、系统和富有创新的研究，并取得了若干具有重要学术价值和应用价值的研究成果。

一言以蔽之，该书对于产学研协同创新对区域经济增长与科技进步的影响研究有较大的促进作用，对于不同区域通过产学研协同创新推动其经济增长与科技进步也有重要的指导意义和参考价值。

因此，我相信本书的出版一定会受到学术界、企业界、科技界和地方政府有关人士的广泛关注和热烈欢迎。

我衷心希望杨晓娜博士以这本书的出版为契机，再接再厉，锦上添花，厚积薄发，继续专注于研究有关理论与实际问题，以不断产出高水平理论研究成果，并为我国的经济增长和科技进步建言献策、贡献智慧。

是为序。

南京航空航天大学经济与管理学院教授、博导

彭灿

前　言

　　区域经济与科技协调发展的内涵在经济发展新常态下得到进一步扩展和深化，其核心思想是高质量发展，科技创新是其第一源动力。产学研协同创新作为实施国家创新驱动战略的重要手段，是助推"中国制造"向"中国智造"转变发展、促进经济增长和科技进步、实现科技与经济协调发展的有效途径。与此同时，知识总量迅速扩大，个体拥有的资源则相对较少，在激烈的市场竞争中的优势不断受到挑战，再加上我国各区域自身的资源禀赋差异明显，出现了区域发展的不平衡现象。在国家区域协调发展战略布局的不断调整下，区域协调发展战略逐渐进入协调发展阶段，产学研协同创新的发展趋势势不可当。因此，本书以产学研协同创新为切入点，探讨其对区域经济与科技协调发展的影响机制。

　　本书内容分为三个部分：第一部分是理论分析（第 1～3 章），主要是基于相关理论和现有文献探讨分析产学研协同创新对区域经济与科技协调发展的影响机制；第二部分是实证研究（第 4～7 章），该部分以我国 29 个省际面板数据为样本（不含港澳台，因西藏、青海缺失数据较多，故也未列入样本范围），对产学研协同创新对区域经济与科技协调发展的影响进行实证分析；第三部分是总结与展望（第 8 章），此部分是对前两部分的理论分析和实证分析结果进行总结分析，并提出有针对性的建议与对策，具有一定的社会价值和应用价值。需进行说明的是，本书第二部分实证分析中的样本时间跨度是 2001～2017 年，主要是考虑到两个因素：一是本书第 4 章评价指标中涉及公开专利指标，该指标是采用国家知识产权局官网的公开数据，然而公开时间一般会滞后 3 年左右；二是本书涉及的重要变量——"区域科技进步"的测评采用的是科学技术部发布的报告，截至本书成稿还无法正常获取公开的详细数据，并且根据已采用的时间跨度的分析结果，若将时间跨度延长 1~2 年，其研究结果与现有结果也不会产生重大偏差，故其并不影响本书现有结论的参考价值。

古人云："一人不成众，独木不成林。"本书的完成得到了许多贵人的帮助，尤其是恩师和同窗，感谢他们对本书撰写时遇到的问题和困难进行耐心的解答和帮助！

若读者对书中内容存在疑惑或发现疏漏之处，请及时批评指正，同时欢迎同领域或有兴趣的朋友进行学术交流。

笔者

2023 年 9 月

目　录

第1章　绪论 ·· 1

 1.1　选题背景 ·· 1

 1.2　研究意义 ·· 6

 1.3　拟解决的问题 ·· 8

 1.4　研究内容与研究方法 ·· 10

 1.5　技术路线与结构 ·· 12

 1.6　创新之处 ·· 14

第2章　理论基础与文献综述 ·· 17

 2.1　产学研协同创新理论 ·· 17

 2.2　区域经济与科技协调发展理论 ·· 30

 2.3　区域创新系统理论 ·· 37

 2.4　协同度测量模型 ·· 39

 2.5　本章小结 ·· 43

第3章　产学研协同创新对区域经济与科技协调发展的理论研究 ··········· 44

 3.1　产学研协同创新对区域经济与科技协调发展的驱动机制 ·············· 44

 3.2　产学研协同创新对区域经济与科技协调发展的运行机制 ·············· 48

 3.3　产学研协同创新对区域经济与科技协调发展的影响假设 ·············· 51

 3.4　本章小结 ·· 57

第4章　产学研协同创新的综合测评 ·················· **58**

4.1　产学研协同创新测评体系的构建 ················· 58

4.2　产学研协同创新测评模型 ····················· 65

4.3　我国产学研协同创新测评结果及分析 ············· 73

4.4　本章小结 ······························· 81

第5章　区域经济与科技协调发展的综合测评 ·········· **83**

5.1　区域经济增长的测评 ······················· 83

5.2　区域科技进步的测评 ······················· 92

5.3　区域经济与科技协调发展的测评 ················ 95

5.4　本章小结 ······························ 100

第6章　产学研协同创新对区域经济与科技协调发展的静态分析 ········· **101**

6.1　数据来源及检验 ························· 101

6.2　模型设定 ····························· 103

6.3　内生性处理及模型估计 ····················· 104

6.4　结果分析与讨论 ························· 109

6.5　本章小结 ····························· 115

第7章　产学研协同创新对区域经济与科技协调发展的动态分析 ········· **116**

7.1　模型设定及相关检验 ····················· 116

7.2　脉冲响应分析 ························· 121

7.3　方差解释分析 ························· 128

7.4　结果分析与讨论 ························· 130

7.5　本章小结 ····························· 133

第8章　总结与展望 ·························· **134**

8.1　研究结论及理论贡献 ····················· 134

8.2　管理启示 ·· 136

8.3　局限之处与研究展望 ···································· 140

附录一　产学研协同创新各子系统有序度测评结果 ········· **142**

附录二　区域经济增长数量和质量指数 ···················· **147**

附录三　区域科技进步评价指标体系 ······················ **151**

参考文献 ·· **153**

第 1 章　绪论

科技兴，则民族兴；科技强，则国家强。中国能否成为世界经济与科技强国，归根结底取决于中国的科技创新能力和产出能否在世界上处于领先地位。创新驱动发展战略的提出，已开启我国富国、强国之路，成为引发经济繁荣发展的新引擎，助推中国由"中国制造"向"中国智造"转变发展。中国桥、中国车、中国路、中国港、中国网的迅速发展，让中国梦触手可及，这些成就的取得在很大程度上应该归功于产学研协同创新的蓬勃发展。产学研协同创新是提升国家综合实力的核心环节，是社会经济在中国新常态下发展的强有力保障，是缓解和解决区域差距的有效途径。它能有效衔接企业、高校和科研院所，对接市场需求和技术供应，驱动着中国复兴的创新引擎全速前进，为中国经济增长、科技进步开启新征程。本书以产学研协同创新为切入点，比较深入和系统地研究产学研协同创新对区域经济增长与科技进步及其协同度的影响机制，从而拓展与深化产学研协同创新、区域经济增长与区域科技进步及其关系的理论研究，并为我国不同区域更加有的放矢和卓有成效地实施产学研协同创新，以促进区域经济增长与科技进步并提高两者的协同度，提供理论指导和实践建议。

1.1　选题背景

1.1.1　现实背景

改革开放以来，我国经济总量由 1978 年的 3679 亿元增长至 2019 年的 99 万亿元①，稳居世界第二大经济体之位，经济总量迅猛增长。然而这种高速经济增

---

① 相关信息来自《中国统计年鉴 2020》。

长主要是来自高投入、高消耗、高污染、低效率的粗放型增长方式。这种不可持续的增长模式带来了资源和环境等一系列严重问题，因此，未来的经济增长急需一种新的可持续的方式才能够实现，且这种新的经济增长方式要体现全要素生产率和生产要素产出弹性的时变性（彭宜钟等，2014）。随着创新理论和新经济增长理论的发展，科技创新成为未来经济增长的重要驱动力。为此，我国结合经济发展现状和时代变化先后提出科教兴国战略和创新驱动发展战略，不断加大研发经费投入。目前，我国的研发经费投入总量已跃居世界第二位，仅次于美国，科学论文和专利的数量与质量等科技产出成果都实现了较大跨越。然而，科技创新对国内生产总值（GDP）的贡献率还不到40%，远低于美国、德国、日本等创新型国家水平（高于70%），归其原因在于科技创新成果未能有效转化（庞瑞芝等，2014），即科技成果转化率低，也就是说科技与经济出现"脱节"或不协调。因此，想方设法提高科技成果转化率从而实现科技与经济协调发展并充分发挥科技创新在经济增长中的重要作用是一个关键问题。

粗放型经济增长主要依赖于外界有形资源存量，随着科技经济一体化和知识经济的发展，信息资源、知识资源成为重要的生产要素和社会财富，知识存量急速增大，知识更新周期越来越短，充分体现了知识经济时代的发展特点，因此，知识、信息理所当然地成为创新的核心要素和关键资源。联合国教科文组织的一项调查研究显示：18世纪，知识的更新周期为80～90年，即某种知识或技能可被一代人甚至两三代人使用；19世纪到20世纪初，知识更新周期为30年；到20世纪60～70年代，一般类型的学科知识更新周期为5～10年；20世纪80～90年代，大多数学科的知识更新周期缩短为5年；进入21世纪，知识更新周期已经变为2～3年，而此时的人类平均寿命为男性74岁、女性77岁①。这意味着，人类在最近30年所产生和积累的科学知识已占据有史以来积累的科学知识总量的90%，言外之意，30年内的科学知识积累量是过去历年中科学知识总量的9倍。这一发现与英国技术预测专家詹姆斯·马丁的预测结果不谋而合。由此可以看出，当前知识存量非常之大，且还在以更快的速度进行知识更新，也就是说，每个组织在保持知识更新速度的同时还要拥有大量知识存量才能在激烈的市场竞争中维持核心竞争优势，然而，这在组织的独立运行中几乎是难以实现的，需要

---

① 人口平均寿命的数据，来自世界卫生组织的《世界卫生统计》（2015年版）报告。

组织用开放式的心态与外界组织进行合作，充分利用并发挥各组织拥有的有限的知识资源，才有可能保证或提高科技创新成果数量和质量的基础。

学者们通过对美国的"硅谷""128 公路""北卡三角研究院"（蓝晓霞，2014），英国的"知识转移合作伙伴计划"（Knowledge Transfer Partnerships Scheme，简称"KTP 计划"）（胡立等，2014），日本的"筑波科学城""VLS 技术研究组合"（周程，2008），韩国的"G7 工程""科学技术基本计划"（费艳颖等，2014）进行研究发现，这些工程或项目毫无例外地融合了企业、高校和科研院所并形成产学研协同创新，推动国家的经济发展并培养各类科技型人才，成为产学研协同创新的成功典范，为实现国家经济增长、建设创新型国家开辟新的道路。

鉴于国外成功案例经验和现实资源约束，国务院经贸办、国家教委和中科院联合于 1992 年举办了首届产学研联合开发会议，正式拉开了我国产学研协同创新的帷幕①。相较于美国、英国、日本等国家，我国产学研协同创新起步比较晚，但经过 30 年的发展，也已取得显著成效，例如大规模集装箱检测系统、"曙光 400A"超级计算机、世界首颗量子卫星"墨子号"的成功发射、500 米口径球面射电望远镜（FAST）的成功建造、创造世界纪录的晶硅太阳能电池等，这些显著的成果不仅表明我国国际地位的提升，更重要的是代表着我国科学技术的水平和进步，同时还推动我国的经济增长。这些成果都是产学研协同创新的杰作。

我国很多区域结合当地区域特征围绕产学研协同创新也不断探索和尝试并取得成功，较为典型的成功案例有"中关村协同创新计划"、江苏省海安县的产学研协同创新、辽宁省抚顺市望花区的产学研联盟等。有"中国硅谷"之称的中关村，占据"天时、地利、人和"的优势，成为产学研协同创新的成功典范。而海安县以县域范围通过产学研的校企模式，充分利用高校人才、技术、设备优势，以企业为主体，市场为导向，通过增加科技创新投入、优化创新环境、提高科技服务水平、培养企业创新能力、优化创新布局等形式和政策理念，以产学研协同创新为抓手，成功实现了海安县的经济增长（马雪荣等，2017）。辽宁省抚

---

①　根据胡雯、陈强（2018）在《产学研协同创新生命周期识别研究》中的观点，产学研合作是产学研协同创新的前期阶段。因此，此处也将前期的产学研合作归入产学研协同创新。

顺市望花区政府于 2015 年牵头引导构建的产学研联盟，糅合当地丰富的科研资源和工业基础，实现了当地产学研的有效对接，依托该产学研联盟服务平台，其中一个参与企业借助平台中的科研资源实现了技术攻关、主生产线工艺改造和升级，在未增加投资的情况下产量增加 1 倍，为企业直接增加产值上千万元，极大地提升了企业竞争力；同时参与其中的另一企业在实现自身产品升级时，利用独特的营销模式带动了当地和周边的现代商旅生态建设，推动了当地的经济发展。目前，该产学研协同创新项目正在全力打造产学研的 2.0 版本，以培育有区域特征的新的经济增长极①。类似这样的产学研协同创新案例，我国很多区域都在如火如荼地开展，它们不仅为企业解决了科研能力不足的困境，为高校和科研院所的科研成果转化开辟了新的途径，也对区域的经济增长和科技进步产生了重要影响。

综上所述，产学研协同创新是实现当代区域经济增长和科技进步的有效手段。然而，面对经济和科技不协调发展现象，促进经济增长与科技进步及其协同度也是产学研协同创新的主要目标之一。迄今为止，关于产学研协同创新对区域经济增长与科技进步及其协同度的影响，研究成果还非常少，以至于人们还没法确定产学研协同创新对不同区域的经济增长与科技进步及其协同度究竟会产生什么样的影响。有鉴于此，本书将通过理论与实证研究科学地回答这一问题，对指导区域产学研协同创新、科技与经济协调发展将有重要的实践意义和应用价值。

1. 1. 2　理论背景

产学研协同创新是企业、高校和研究机构之间的相互作用，其主要目的是促进知识和技术的交流（Bekkers et al.，2008；Siegel et al.，2003），因为企业要在快速的技术变革、缩短的产品生命周期和激烈的全球竞争（Bettis et al.，1995；Wright et al.，2008）中提升自身核心竞争力，高校和科研院所也要在面临新知识增长、研究成本增加和项目资金来源等挑战的同时维持所在学科的领先地位（Hagen，2002），且还承担着社会职能扩大——被视为经济增长引擎的重

---

① 抚顺市望花区政产学研联盟——政府引导构建创新联盟实现产学研用有效对接［EB/OL］，材料与器材科学家智库平台，http://chinamaterial.org.cn/supply/detail/? 1150.html.

担（Philbin，2008），正是基于这些原因产生了企业和学研机构的需求点，为产学研协同创新提供了动力需求。产学研协同与企业间协同的不同点在于企业和学研机构的需求点不会产生利益获取的竞争，这也是产学研协同创新的优势（何郁冰，2012）。同时，各国政府为了应对日益激烈的国际竞争和变革趋势，也在大力鼓励企业和学研机构的合作，提高创新效率，加快科研成果向产业转移的速度，积累创造财富（Barnes et al.，2002），为经济增长作出贡献（Lopez-Mart1nez et al.，2010；Payumo et al.，2014）。在上述客观环境和自身发展的多重压力下，企业、学研机构和政府都希望通过学界与产业界的知识和技能交流，促成产学研协同创新发展，以提高个体和整体的创新能力与经济竞争力（Perkmann et al.，2013）。产学研协同创新也理所当然地被认为是提高组织开放创新能力的有效工具，是促进经济增长和科技进步的有效途径，从而成为国内外创新管理研究领域的前沿和重点之一。

产学研协同创新能够迅速发展，除了上述因素外，还应该归功于 1966 年林肯（Lincoln，1966）发表的一篇文章，正是这篇文章正式开创了产学研合作研究的先河。经过几十年的发展，国内外在产学研协同创新研究方面已经取得了丰硕成果（Perkmann et al.，2013；陈劲等，2012；Roderick et al.，2021；Figueiredo et al.，2020）。根据国际产学研协同发展的研究，国外产学研协同的发展经历了起步探索期（1966~1982 年）、缓慢成长期（1983~1999 年）和快速发展期（2000~2015 年）（朱桂龙等，2015），当前的研究热点主要有产学研协同创新结构模型、产学研技术转移影响因素、产学研协同创新的影响（张艺等，2015）、产学研协同创新利益管理（Fernandes et al.，2021）、产学研协同创新联盟（宋洋等，2021）。埃斯特（Este，2007）讨论了在产学研联系中学术研究人员与企业互动的渠道和影响研究人员参与互动的因素；安科拉（Ankrah，2015）基于已有研究文献，从必要性、互惠性、效率、稳定性、合法性、不对称性六个方面剖析企业和高校参与产学研协同创新的动机，并对产学研协同创新实施过程中的促进因素和抑制因素进行归纳总结。国内产学研协同创新发展也大致可分为初步探索（1992~2006 年）、缓慢增长（2007~2013 年）和快速发展（2014~2016 年）三个阶段（方刚等，2016），研究趋势大致有以下几个方面：研究对象由以企业为中心扩散到政府、学研机构等多主体，研究方法由定性理论研究向定量实证研究转变（宋伟等，2018），研究热点有产学研协同创新模式和创新机制、产学研协同创新各主体间的互动关系和协同过程、产学研协同创新的绩效评价等（李文娟等，2018）。

根据国内外产学研协同创新研究的发展过程可以看出，国内产学研协同创新研究比国外起步晚，但现在都进入了快速发展阶段，且研究的热点也相对比较集中。不同的是，国外对产学研协同创新的研究多集中在产业、企业等层面，采用的方法以案例分析为主；国内的研究在结合了产学研协同创新的系统特性时还基于定量分析开展了区域层面的研究，例如，叶伟巍等（2014）基于复杂系统理论视角对产学研协同创新的动态机制与激励政策进行研究，白俊红等（2015）基于中国分省份的面板数据采用空间计量模型对产学研协同创新和区域创新绩效进行研究，并发现产学研协同创新在静态和动态计量模型分析中对区域创新绩效都有稳定的正向影响。

综上所述，产学研协同创新是区域经济增长与科技进步的根本动力和有效途径，因此，研究产学研协同创新对区域经济增长与科技进步及其协同度的影响机制无疑具有重要的理论意义和学术价值。遗憾的是，目前国内外学者在产学研协同创新对区域经济增长与科技进步及其协同度的影响机制研究方面，成果还比较少，研究深度、广度、科学性与系统性也需要进一步提升和深化，以拓展与完善有关理论。

1.2　研究意义

本书以产学研协同创新作为自变量，以区域经济增长与科技进步及其协调发展水平这三个重要变量作为因变量，基于创新（特别是协同创新和区域创新系统）理论、区域经济增长理论、区域科技进步理论和协同学理论，应用理论分析与实证研究（包括静态实证研究和动态实证研究）相结合的研究方法，深入探讨并揭示产学研协同创新对区域经济增长与科技进步及其协调发展水平的影响机制，以丰富和发展产学研协同创新理论、区域经济增长与科技进步及其协调发展理论，为各省份更加有的放矢和卓有成效地开展产学研协同创新，以促进区域经济和科技的协调发展，提供科学的理论指导和具体的对策建议，因而具有重要的理论意义和实践意义。

1.2.1 理论意义

产学研协同创新的开展涉及有关企业、高校和科研机构，而企业是区域经济增长的主力军，高校、科研机构和企业是区域科技进步的主要力量，因此，产学研协同创新的开展会对区域经济增长与科技进步及其协同度产生重大而深远的影响。然而，迄今为止国内外学者对这种影响所做的理论与实证研究还不多，许多重要理论与实践问题仍悬而未决，例如，产学研协同创新对区域科技进步有怎样的影响，区域经济与科技协调发展水平如何科学评价，产学研协同创新对区域经济与科技协调发展有怎样的影响，这些影响在不同区域之间究竟存在什么差异，等等，都亟待研究和解决。

本书的主要研究目的就是通过理论与实证研究初步解决和回答上述几个重要理论与实践问题。本书的理论意义和学术价值主要体现在以下两个方面。

第一，开展产学研协同创新对区域经济增长与科技进步及其协调发展的影响研究，以构建更加科学的产学研协同创新对区域经济增长与科技进步及其协调发展的影响理论，将丰富、发展和完善有关协同创新理论和经济与科技协调理论成果。尤其是产学研协同创新对区域科技进步的影响，因为这方面的研究成果目前还非常有限。

第二，对区域经济与科技协调发展评价（或测评）问题进行深入研究，以构建更加完善的区域经济与科技协调发展测评理论，该理论包括区域经济与科技协调发展评价指标体系和综合评价模型（方法）等，从而为恰如其分地评价各区域（省份）的经济与科技协调发展提供一个比较科学而实用的理论工具，也为本书的实证研究提供一个有较高信度和效度的测量工具。在此基础上，通过理论分析和实证研究，揭示产学研协同创新对区域经济与科技协调发展的影响机制。这一影响机制的理论意义和学术价值将对其理论发展有重要影响，但在现有文献中却几乎从未被涉及。

1.2.2 实践意义

本书除了围绕产学研协同创新对区域经济增长与科技进步及其协调发展的影

响机制这一研究主题，对几个相关重要理论问题进行探索和开创性研究之外，还基于这些研究对我国 29 个省份的产学研协同创新、区域经济增长与科技进步及其协调发展这四个变量的关系进行了实证研究，进而根据不同区域的实际情况和现有条件，有的放矢地提出了通过改进产学研协同创新来促进区域经济与科技健康、持续和协调发展的具体对策，因而具有重要的实践意义和应用价值。

本书的实践意义和应用价值主要体现在以下三个方面。

第一，本书构建的产学研协同创新测评体系和区域经济与科技协调发展测评体系，为各省份政府部门、研究机构及专家学者定量评价有关区域产学研协同创新水平和经济与科技协调发展水平提供了一个比较科学而实用的工具。

第二，本书通过理论分析和实证研究揭示的产学研协同创新对区域经济增长与科技进步及其协调发展的影响，不仅让人们对有关区域四个方面（变量）的现状有了比较全面和客观的认识，而且为人们正确认识这四个重要变量（产学研协同创新、区域经济增长、区域科技进步、区域经济与科技协调发展）之间的关系提供了帮助，为有关区域发展、制定和实施能够有效促进区域经济增长、科技进步及其协调发展的对策提供了重要参考。

第三，本书构建耦合协同度模型，通过 29 个省份的协同度测度应用，验证该模型的科学性、便捷性、应用性和可操作性，后续可以推广用于各省份内不同地级市或县域范围的协同度测度，为各省份掌握各自范围内的产学研协同创新状态提供可实用的、量化的工具。

1.3 拟解决的问题

（1）产学研协同创新测评问题。自 "2011 计划" 实施以来，产学研协同创新一直是各界关注的焦点和热点问题，也出现了很多研究成果，这些研究成果对产学研协同创新的整体水平有了基本的结论，例如我国产学研协同创新水平 "东高西低" 等，但还有一些问题并未得到很好的解答，例如，同等水平下不同区域的产学研协同创新发展类型（企业领先发展型、科学研究领先发展型还是交互领先发展型）是否相同，能否通过对比产学研协同创新水平高的区域为低水平区域提供切实可行的方案和建议。而且现有的相关研究成果中关于产学研协同创新的测评研究不免有其局限性，在新发展阶段，在新经济常态下协调发展理念指导下，产学研协同创新的测评也应进一步地拓展和跟进。想要在新阶段解决上述问题，不仅需要定性理论分析，更需要用现实数据提供依据和支撑，这就需要用定量的方法展开对产学研协同创新测评研究，这就是本书将要解决的重要问题。为此，本书将通过理论分析与实证研究，从复合系统视角重新构建产学研协同创新测评体系，并构建出与之匹配的复合系统协同度模型及权重确定方法，形成一套拥有测评指标、测评模型和权重确定方法的完整的测评体系。

（2）区域经济与科技协调发展测评问题。区域经济增长以及科技进步的相关研究已经比较多，但关于区域经济增长与科技进步协调发展的研究主要集中在定性关系论断方面，对其具体的测评体系、测评方法的研究却非常少，这不利于客观掌握区域经济与科技协调发展水平现状，例如某个省份区域经济与科技协调发展水平比较低，但具体低到什么程度，与哪些省份相比比较低，这些都需要一个定量的结果。而且，在协调发展理念指导下，区域经济与科技协调发展的内涵也得到拓展，高质量发展成为区域经济与科技协调发展的核心思想，区域经济与科技协调发展的测评也应结合发展阶段需要。因此，基于前人相关研究成果，本书将从复合系统视角构建一套完整的、科学且实用的区域经济与科技协调发展的测评体系（包括评价指标体系和综合评价模型），以解决或解答上述问题。

（3）构建产学研协同创新对区域经济与科技协调发展的作用机制模型并进行验证。现有文献中关于产学研协同创新后因变量的研究大多数是创新绩效（企业创新绩效和区域创新绩效），创新绩效是提升区域经济增长、区域科技进步的重要前因变量，但对于区域经济与科技协调发展的研究非常少并且是停留在推理阶段。科技创新作为区域经济与科技协调发展的第一动力，其首选范式就是产学研协同创新，有必要深入剖析产学研协同创新对区域经济与科技协调发展的内在作用机制。因此，本书将对产学研协同创新对区域经济与科技协调发展的内在作用机制进行理论分析，然后在解决产学研协同创新测评问题和区域经济与科技协调发展测评问题的基础上，对产学研协同创新对区域经济与科技协调发展的关系进行验证分析，此外，考虑到各区域的差异性，也对东中西三大地区的产学研协同创新和区域经济与科技协调发展现状进行分析。该问题的解决一方面能丰富和拓展产学研协同创新理论和区域经济与科技协调发展理论，另一方面有助于探索基于产学研协同创新实现区域经济与科技协调发展的路径，也为实现区域间的协调发展提供思路。

1.4　研究内容与研究方法

1.4.1　研究内容

本书基于创新理论（特别是协同创新理论、区域创新系统理论）、区域经济增长理论、区域科技进步理论和协同学理论等，采用理论分析与实证研究（包括个体固定效应模型分析和面板向量自回归动态模型分析）相结合的研究方法，深入、系统地研究产学研协同创新对区域经济增长与科技进步及其协调发展的影响机制，其具体研究内容如下。

（1）产学研协同创新测评体系构建。基于相关文献整理与理论基础研究，本书将从复合系统视角对产学研协同创新进行界定，对产学研协同创新这一复合系统的子系统构成进行重新构建，并基于所包含的子系统构建产学研协同创新的测评指标体系。此外，本书还构建了复合系统的耦合协同度模型来测度产学研协同创新系统的协同水平，从而为产学研协同创新的测度提供完整的测评体系（包含评价指标体系和测评方法）。

（2）区域经济与科技协调发展测评体系构建。区域经济与科技协调发展在新经济常态下有了更深更广的内涵，本书将结合新阶段的区域协调发展战略和创新驱动战略对区域经济与科技协调发展的内涵进行重新界定。基于经济增长和科技进步理论及相关文献，本书将构建区域经济与科技协调发展的测评体系，尤其是对区域经济增长的测评。区域经济增长作为区域经济与科技协调发展测评体系的重要组成部分，已有很多关于区域经济增长测评的文献，但这些文献对区域经济增长（发展）的测量主要是集中在数量指标（如区域 GDP 总量、工业产值增长等），鲜少考虑反映区域经济增长质量的指标，如收入分配均衡、社会保障、民生民富、生态环境等。然而，随着社会主要矛盾的变化以及协调发展、高质量发展理念的贯彻实施，区域经济增长质量是未来经济增长的主要关注点。基于此，本书将从区域经济增长的数量和质量两个维度反映区域经济增长，并在此基础上构建区域经济与科技协调发展的测评指标体系。

（3）产学研协同创新对区域经济增长的影响。本书将基于前人相关研究成果和创新理论（特别是产学研协同创新理论）、区域经济学（特别是区域经济增长）理论，深入探讨产学研协同创新对区域经济增长的影响机制，以提出相应的研究假设；然后，通过相关统计年鉴，收集样本区域的相关数据（包括产学研协同创新数据和区域经济增长数据），并对收集到的有效样本数据进行统计分析，以检验本书提出的研究假设，并对检验结果进行归纳和理论分析。

（4）产学研协同创新对区域科技进步的影响。先从理论上探讨产学研协同创新对区域科技进步的影响，以提出相应的研究假设；然后，通过相关统计年鉴，收集样本区域的相关数据（包括产学研协同创新数据和区域科技进步数据），并对收集到的有效样本数据进行统计分析，以检验本书提出的研究假设，并对检验结果进行归纳和理论分析。

（5）产学研协同创新对区域经济与科技协调发展的影响。基于文献分析和理论基础，分析探讨产学研协同创新对区域经济与科技协调发展的内在影响机制，提出研究假设，然后通过我国各省份的年鉴数据进行统计分析（包括静态分析和动态分析），对所提出的研究假设进行实证分析，揭示产学研协同创新对区域经济与科技协调发展的内在影响机制。

（6）不同区域通过产学研协同创新实现经济与科技协调发展的建议。在以上理论分析与实证研究的基础上，根据产学研协同创新对区域经济增长与科技进步及其协同发展的影响机制，结合我国不同区域产学研协同创新、经济增长、科技进步及其协调发展的现状，有针对性地提出各类区域通过产学研协同创新实现经济与科技协调发展的建议。

1.4.2　研究方法

为了对本书内容进行深入、系统的研究，笔者在研究过程中主要采用了以下几种研究方法。

（1）文献研究与理论分析法。通过文献检索、阅读和分析，梳理国内外关于协同创新、产学研合作、产学研协同创新、区域经济增长与科技进步及其协调发展等方面的研究历史与现状。基于现有研究成果和相关理论，确定本书的研究思路、框架结构、研究假设、概念模型、变量初始测评指标体系（量表）及假设检验方法等。

（2）统计资料查阅与计量分析法。本书通过相关统计年鉴收集定量评价所需要的初始数据，运用统计分析软件对数据进行相关分析和聚类分析，并运用计量分析方法中静态面板模型和向量自回归模型对产学研协同创新对区域经济增长与科技进步及其协调发展的影响进行了实证检验。

（3）多目标评价法。本书涉及产学研协同创新测量（评价）和区域经济与科技协调发展评价，将根据两个不同评价对象的特点和要求，构建比较科学和实用的评价指标体系与综合评价模型，并运用熵值法和改进层次分析法的主客观赋权方法确定评价过程中各指标的权重。

（4）对比分析法。本书在多个内容的研究分析中采用了对比分析的方法。例如，在协同度模型选择时，利用代表性省份数据对不同的协同度评价模型进行横向对比，再利用模型结果与历史经验做纵向对比，最终挑选出最有效的协同度评价模型；在实证分析中，对不同区域的实际状况进行对比分析，并提出分别适用于不同区域的对策建议。

1.5 技术路线与结构

本书遵循"提出问题—理论分析—模型构建—实证分析—结论与应用"的研究流程。首先，根据相关理论和现有研究文献，凝练研究主题和内容；其次，对前人相关文献进行回顾与分析，以提出研究假设和概念模型；再次，通过相关统计资料收集样本数据，并利用相关统计软件（如 Stata、EViews 等）对有效样本数据进行实证分析，以检验研究假设和概念模型；最后，汇总研究成果，对相关研究结论进行综合分析与讨论，并提出具有针对性的对策和建议。

本书的技术路线如图 1.1 所示。

本书由以下八章组成。

第 1 章是绪论。本章主要介绍本书的研究背景和选题意义，对国内外关于产学研协同创新的案例和研究情况进行梳理与分析，总结成功案例的经验并发现已有研究的不足和有待进一步研究的重要问题，确定本书的研究内容、研究方法和

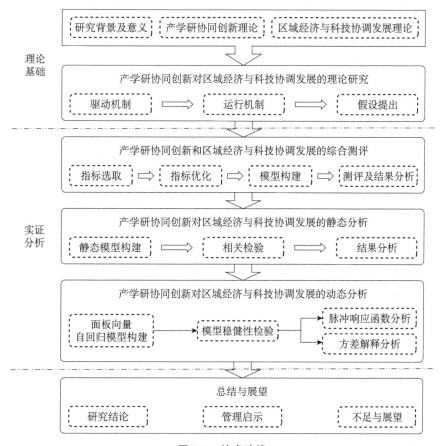

图 1.1　技术路线

技术路线等。

第 2 章是理论基础与文献综述。本章根据研究内容的需要，主要介绍了研究中涉及的产学研协同创新理论、区域经济增长理论、区域科技进步理论、区域科技进步与经济增长协调发展的内涵及其重要性和协同学理论，为后面章节做好理论奠基。

第 3 章是产学研协同创新对区域经济与科技协调发展的理论研究。本章主要从驱动机制和运行机制两方面内容分析产学研协同创新对区域经济与科技协调发展的作用机制，其中驱动机制主要包括市场引导机制、政府推动机制和目标导向机制，运行机制主要从要素流动、产业机构升级和科技成果转化进行分析。本章是本书的重要理论分析，为后面的实证分析提供基础。

第 4 章是产学研协同创新的综合测评。本章主要先对产学研协同创新的测量指标体系构建原则和方法进行说明，梳理现有研究中不同协同度测量模型的适用情况，介绍评价指标体系中权重的设定方法；之后构建产学研协同创新评价指标体系，经过初步设计、优化筛选形成最终的指标体系；再根据收集的数据进行产学研协同创新协同度测评。

第 5 章是区域经济与科技协调发展的综合测评。本章在第 4 章评价指标体系构建的原则和方法上，构建区域经济增长和科技进步的评价指标体系；最后，基于经济增长指数和科技进步指数测度区域经济与科技协调发展。

第 6 章是产学研协同创新对区域经济与科技协调发展的静态分析。本章是在第 3 章的作用机制基础上，对我国 29 个省份以及东中西三个地区的产学研协同创新对区域经济与科技协调发展的影响进行静态实证分析，分析过程中主要采用工具变量法对模型进行检验分析。

第 7 章是产学研协同创新对区域经济与科技协调发展的动态分析。本章构建了产学研协同创新分别同科技进步、经济增长以及经济与科技协调发展的面板向量自回归模型，利用脉冲响应函数分析和方差分解分析，分别采用全国、东部、中部和西部数据进行分析并进行对比。

第 8 章是总结与展望。本章基于第 3 章的作用机制以及第 4 ~ 7 章的分析结果进行归纳整理，并得出一些管理启示，最后针对本书中存在的不足提出未来待完善的方向。

1.6 创新之处

本书的创新之处主要体现在以下几个方面。

（1）基于复合系统视角，重新界定了产学研协同创新、区域经济与科技协调发展的测评维度（尤其是区域经济增长的测评维度），分别构建了产学研协同创新测评指标体系和区域经济与科技协调发展测评指标体系，实现产学研协同创新和区域经济与科技协调发展测评指标体系的理论创新。鉴于现有文献中产学研协同创新、区域经济与科技协调发展的测评指标体系还不够完善，具有明显的阶段性特点，并没有很好地适应我国当前新经济常态下以及高质量发展理念的新阶段，本书基于复杂系统视角在对深入剖析产学研协同创新构成、区域经济与科技协调发展拓展内涵和核心思想基础上，构建了基于"企业子系统""科学研究子系统""交互子系统"三个子系统的产学研协同创新测评指标体系，以及基于"经济增长数量""经济增长质量"两个维度的经济增长测评指标体系，其中"经济增长质量"维度更是从"产业结构升级""收入分配均衡""社会保障""民生民富""生态环境"五个维度进行测评。无论是产学研协同创新的测评指标体系还是区域经济与科技协调发展的测评指标体系的构建，都充分结合了新阶段的协调发展和高质量发展的指导理念，是本书的创新成果之一，也是本书研究顺利开展的基石，在完善产学研协同创新和区域经济与科技协调发展测评理论的同时，不仅为各界人士科学评价产学研协同创新、区域经济与科技协调发展提供了实用性和适用性都很强的测评工具，也为后续产学研协同创新和区域经济与科技协调发展的研究奠定了理论基础。

（2）构建了产学研协同创新对区域经济与科技协调发展的作用机制模型，不仅实现了产学研协同创新后果研究以及区域经济与科技协调发展前因变量研究的理论创新，而且揭示了产学研协同创新作为前因变量对区域经济与科技协调发展的作用机制"暗箱"。鉴于目前极少数文献涉及区域经济增长与科技进步协调发展的研究现状，本书以区域经济增长与科技进步协调发展为后果变量，展开其前因变量的研究，并揭示它们之间的作用关系，实现了理论突破，尤其是通过静态和动态两种分析方法。静态分析只是反映了已发生的时间点变量的影响关系，而产学研协同创新和区域经济与科技协调发展是处于发展变化过程中的，在这种区域发展变化中，它们的变化规律（作用关系）也应该是研究的关注点，因此本书还采用了动态分析作为静态分析的深入研究，这为深入剖析和揭示产学研协同创新和区域经济与科技协调发展的因果关系提供了新的思路。产学研协同创新对区域经济与科技协调发展作用机制模型的构建是本书的重要创新成果之一，实现了理论创新的同时也为区域通过开展产学研协同创新活动实现区域经济与科技协调发展指明路径和方向，并为后续科技创新驱动下的区域经济与科技协调发展问题的深入研究奠定了理论基础。

（3）构建了复合系统协同度测度模型，用于测度产学研协同创新系统协同水平，考虑到现有文献关于复合系统协同度模型的应用，尤其是在产学研协同创新领域的应用时，缺少对同一测度对象的方法比较，本书充分借鉴理工学科的参照物（即不同算法）对比思路，增加了不同协同度模型在产学研协同创新研究中的对比分析方法，实现了研究方法的创新。对产学研协同创新等复合系统的协同度模型进行对比，是现有文献未曾涉及的问题，此外，由于其不可重复性，其模型参照物、对比对象以及对比标准的选择也是此类研究面临的难题。为此，本书基于常见的几个复合系统协同度模型与本书构建的协同度模型形成对比模型，并选取四个代表性区域（北京、上海、广东和陕西）作为对比对象，用不同的协同度模型分别测度四个代表性区域的产学研协同创新系统协同度水平，最后通过横向、纵向以及专家咨询相结合的方法进行比较分析。这种对比思路为复合系统协同度模型在产学研协同创新研究中的应用提供了新思路，完成了本书的又一个创新。

第 2 章　理论基础与文献综述

产学研协同创新作为构建国家创新体系的源动力，以知识增值为核心，以创新合作的有效性为保障，是产学研一体化发展的支撑条件，通过提高创新绩效，以实现经济社会发展和科技进步的目的。本章将对本书所涉及的主要理论知识进行回顾与梳理，从而为后续研究奠定理论基础。

2.1　产学研协同创新理论

2.1.1　创新理论

"创新"一词最早由经济学家 J. A. 熊彼特（J. A. Schumpeter）在 1912 年出版的《经济发展理论》一书中首次提出。在该书中，熊彼特列出了五种创新的具体表现形式，即人们常说的产品创新、工艺创新、市场创新、资源来源创新和组织创新。他还认为"创新就是通过建立一种新的生产函数，使生产要素和生产条件形成新的组合"（熊彼特，2015）。

根据熊彼特的观点，创新会带来经济增长，扩大人口、劳动力和资本的规模，但这些变化并不是经济发展。他还认为，经济增长和经济发展有本质区别，经济发展是由内部自行变化（生产要素和生产条件不断实现新组合）的动态过程，属于"质变"，是"创新"的同义词；而经济增长是会因模仿而产生的繁荣、衰退、萧条和复苏的周期性规律，周期长短则是由创新的能力和速度决定的。他还指出了创新与发明的关系，认为创新是将发明创造的成果成功地进行商业化和产业化的过程，换言之，创新滞后于发明，例如，日光灯的发明年份是1859 年，创新年份是 1938 年，相隔 79 年；电视机的发明年份是 1919 年，创新年份是 1941 年，相隔 22 年①。

在"创新"被熊彼特率先提出后的近 40 年内，并没有得到重视。直到 20 世纪 50 年代，欧美国家经济水平迅速发展，传统的生产要素投入已经无法解释当时的发展，学者们开始重新思索熊彼特的创新理论。经过不懈努力，创新理论迎来了辉煌发展并形成新古典学派、新熊彼特学派、制度创新学派和国家创新系统学派。各学派的代表人物和主要观点如表 2.1 所示。

表 2.1   各学派创新理论代表观点

学派	代表人物	主要观点
新古典学派	索洛（Solow）	提出创新成立的条件——"两步论"：（1）新思想的来源；（2）以后阶段的实现和发展。把技术创新过程视为一个"黑箱"，但不关心"黑箱"的内部运作
新熊彼特学派	爱得温·曼斯菲尔德（Edwin Mansfield） 莫尔顿·J. 卡曼（Morton J. Kanmien） 南希·L. 施瓦茨（Nancy L. Schwartz）	把技术创新视为一种相互作用的复杂过程，重视对"黑箱"内部运作机制的揭示
制度创新学派	兰斯·戴维斯（Lance E. Davis） 道格拉斯·C. 诺斯（Douglass C. North）	提出制度创新理论
国家创新系统学派	克里斯托夫·弗里曼（Christopher Freeman） 理查德·R. 纳尔逊（Richard R. Nelson）	提出国家创新系统理论，认为技术创新不仅是企业家的功劳，也不是企业的孤立行为，而是由国家创新系统推动的

资料来源：雷家骕，洪军. 技术创新管理［M］. 北京：机械工业出版社，2012.

国家创新系统理论的提出奠定了在宏观层面统筹配置创新资源和有效开展不同创新主体之间合作创新的理论基础，使人们认识到对企业、高校和科研院所等主体的科技知识和资源进行优化配置，实现经济增长和科技进步，为创新理论的应用提供了新方向，引起学者们的重点关注，如卡普泰恩（Kapetaniou，2018）、苏森（Suseno，2018）、李（Lee，2020）、苏屹等（2020）。国家创新系统的研究使国家在有限的资源条件下实现了经济的快速发展。随着研究的深入与拓展，学者们将创新系统划分为几种类型或几个层次（韩振海等，2004），如区域创新系统、城市创新系统和全球创新系统。其中，区域创新系统与本书的研究主题高度相关。事实上，本书所涉及的四个变量均为区域（或省域）层次的研究变量。

---

① 许庆瑞. 许庆瑞集［M］. 浙江：浙江人民出版社，2011.

换言之，本书研究的是中观层次的变量关系问题，属于区域创新系统的研究范畴。

20 世纪 90 年代，随着计算机技术和知识经济的蓬勃发展，创新理论和制度相互融合，创新理论的复杂性特点逐渐凸显。丹克·G（Dancke G.，1998）利用非线性和自组织理论研究美国创新系统的非线性经济进化过程；彼得罗贝利（Pietrobelli，2011）在对发展中国家的创新系统进行研究时，也发现创新系统与全球价值链存在非线性关系。这些研究结果的发现使创新由原来的线性研究转向非线性研究。此外，网络经济下，信息能量迅速膨胀，时空局限被打破，国民经济渗透到各个领域，还不断拓展出新领域。网络中汇集的各类学科的科技人员，促进了企业、大学、科研机构的互动合作，创新主体不再是企业的个体行为，而是汇入了不同类型的主体，实现了创新主体的多元化发展，形成了创新的网络集成形态，即创新系统。创新系统在融合创新理论以及吸收系统科学中自组织、非线性和进化论的精髓过程中，呈现出多元化、系统化、非线性等特点（孙飞翔等，2017），并逐渐形成了互联网时代的技术创新理论（雷家骕等，2012）。

2.1.2　协同学理论

2.1.2.1　协同学理论要点

协同是安索夫（Ansoff，1965）于 1965 年提出的一个概念，意指协调两个（类）及以上的主体（资源），一致地实现或完成某个目标的过程。1970 年，德国物理学家赫尔曼·哈肯（Heimann Haken）通过对动植物等有生命体和无生命体结构的观察，及对激光原理的研究，在斯图加特大学的授课中首次提出"协同学"（来源于希腊文：Synergetics），并于 1971 年在《协同学：一门协作的科学》一书中正式提出协同及协同学的概念。[①]

协同学，意为"协调合作之学"，旨在发现结构赖以形成的普遍规律，探讨逐步实现更高层次的结构和模式，换言之，协同学探讨的是最终要形成的整体模式[②]。它是从最初的物理学、激光科学等自然科学，到社会学、经济学等领域寻找、发现并通过数学模型的严密论证，归纳总结不同领域间的相似现象或规律的

[①②] ［德］赫尔曼·哈肯. 大自然成功的奥秘：协同学［M］. 凌复华，译. 上海：上海世纪出版股份有限公司译文出版社，2018.

学科，是横向联系多个知识领域或学科的桥梁。它的发展直接推动了系统工程学的发展和应用，与突变论、耗散结构论被誉为系统科学的"新三论"①。协同学理论认为，在一个稳定的复杂系统（可以是自然系统，也可以是社会经济系统）中，各子系统遵循一定的规律按照一定的方式有次序地动态运动。这种运动状态的发生和保持，是因为子系统间受相同原理所支配产生的协同效应，与各子系统的性质没有关系。例如，在产学研协同创新系统中，各创新主体（企业、高校和科研院所）间相互配合、协作，但也存在着彼此竞争的现象（企业间的市场竞争、人才竞争等）。正是这种竞争与协作的共存，使得总系统能在特定的条件下，通过子系统的交互作用发生演变，形成新的结构。

协同学理论的提出和发展，对自然科学和社会科学的发展均产生了重要影响。哈肯（Haken）教授创立的协同学理论认为②，自然界（包括有生命和无生命）所有的开放性系统，无论是宏观系统还是微观系统（大至宇宙，小至分子、原子、量子等），均可以在一定条件下实现非平衡的有序结构，这些现象都能够用协同学进行解释。此外，他还认为，无论系统是处于有序还是无序的状态，当接近某一临界点时，环境条件中微不足道的变化就可能引起宏观系统的极大变化。这就是系统序参量的变化引起系统的自组织行为，通过某个偶然的涨落而出现完全无规则的运动——混沌，从而引起的宏观状态的变化。但是这种变化并非完全因为竞争而发生，也极有可能是由于协作而产生的一种新模式，可以理解为协同进化。在此过程中，涉及协同学的几个关键术语为自组织、序参量、涨落和混沌。

2.1.2.2 协同学基本概念

（1）自组织。复杂系统中，每个系统都可以分为若干子系统，子系统间通过相互作用而对总系统表现出一致的集体行为，但这种带有一致目的的集体行为并非提前预订或"协商"后的结果，哈肯教授便称这种行为为自组织。关于自组织理论，已有许多学者进行过研究，如 N. 维纳（N. Wiener）（控制论的提出者）、贝塔朗菲（Bertalanffy）（系统论的提出者）、普里戈金（Prigogine）等。哈

---

① "老三论"是指系统论、控制论和信息论。

② Herman Haken. 协同学：引论：引论物理学、化学和生物学中的非平衡相变和自组织 [M]. 徐锡申，等译. 北京：原子能出版社，1984.

肯教授于 1988 年首次在协同学研究中提出自组织概念，并对其进行了明确的定义。他认为，在系统于没有受到外界特定干预的空间、时间上形成新结构、新功能的情况下，由原来的无序状态转变为具有一定结构的有序状态，或由一种有序状态转变为另一种新的有序状态，即为自组织。经过进一步考察研究，哈肯教授还发现，这种自组织现象在本质上就是相变，为了更好地解释和揭秘相变的过程，便提出了序参量（order parameter）概念。

（2）序参量。为使系统内部的各个要素有条不紊地组织起来，发挥整体效应，哈肯教授提出了序参量的概念。他认为，序参量是指能够主导系统由无序转向有序，且决定系统产生新模式、新组织、新结构和新功能的，衰减缓慢甚至不衰减的关键性变量（赫尔曼·哈肯，2018）。序参量源于系统内部，是由单个部分的协作而产生（可以是一个，也可以是多个），同时又支配着各个部分。换言之，序参量在支配子系统的同时，又由子系统来维持，以此来体现它的两面性或双重性，这就是协同学中的支配原理——协同学的核心。从一定意义上讲，协同学可以被看成一门在普遍规律支配下的有序的、自组织的集体行为的科学。

通常而言，序参量可以被预测，但却无法对间接受影响的个体进行预测。例如，在一个落后的国家，当一段时间内拥有的食物无法满足全部人口的最低生存需求时，需要通过减少人口数量（即序参量）来改善当前状况，然而谁将是被减少的人员，却无法预料。

（3）涨落。涨落在物理学中表现为一种极其微小的、随机的扰动，是指系统自发地偏离某一平衡点的现象。在完全等价的、对称的平衡状态时，初始涨落会打破原来的对称，并最终决定事件的性质和主要发展方向。外部条件的改变会使系统逐渐失去原来状态的稳定性，趋向形成一种新的宏观状态，在这种状态变化过程中的相变点邻近区域内，系统会通过不断的涨落试探实现另一有序状态的各种可能性。换言之，当客观环境变得更有利于向新状态转变时，偶然的微小涨落将决定这种转变发生的时间以及细节。

（4）混沌。混沌是一种无规则的运动状态。复杂系统中往往存在不止一个序参量，这些序参量之间存在交互作用，即在某时段由其中一个序参量来支配其他序参量，占据主导地位，随着环境或时间的变化，占据主导地位的序参量可能被另一个序参量取而代之，以此循环往复。由于主导地位的改变无规律可循，也就出现了所谓的混沌。

当系统处于稳定状态时，涨落衰减较快，无法对系统的宏观状态造成影响。当系统接近相变点时，在各子系统耦合的过程中，由于局部耦合形成的微小涨落不断地冲击总系统，通过放大效应和连锁效应，会在宏观状态上形成"巨涨落"，致使系统发生突变，形成一种耗散结构（苏屹，2013）。这种突变可以使系统走向两个方向，一种是实现更高级的有序状态，另一种则是系统崩溃。

协同学在经济学、管理学等社会科学领域已经得到了广泛应用（赵冬月等，2016；曹虹剑等，2015；周冬梅，2014），尤其是自协同创新概念被提出以后，学者们开始把协同学和创新理论相结合，从协同的角度对不同内容的创新进行研究分析，如知识协同（唐洪婷等，2018；Cheng，2020）、产业协同（孙虎等，2015；陈芳等，2015）等。从这个意义上讲，协同学成了协同创新管理研究的理论基础之一。协同创新涉及创新主体、创新资源和创新环境等多方面的协调、再配置，况且协同创新本身也不是简单的线性关系，而是一个非线性的复杂系统（程强等，2016；侯二秀等，2015）。产学研创新系统作为协同创新的一种模式，也具备协同创新的非线性特点，此外产学研协同创新系统与外界组织和环境存在着物质和能量的交换，具备协同学的开放性和自组织特性的特点（苏屹等，2016）。由此可见，用协同学理论研究产学研协同创新问题是很适宜的。

2.1.3 协同创新理论

协同创新由"协同"和"创新"两词构成。"协同"最初源自物理学中激光系统的研究，后来被引入管理学范围。关于"协同"，中国《辞海》中解释为协调一致、相互配合；西方"协同"（Synergy，源自希腊文）意指互动、合作、整合。无论是中国还是西方关于"协同"的解释，其含义均是不同元素的相互作用，积极推动事物向前发展，形成推动效应。"创新"侧重于更新和改变，不仅强调过程，也强调创造经济价值或社会价值。弗里曼（Freeman，1991）首次把"协同"和"创新"组合起来使用，形成"协同创新"，是指企业间通过合作的方式建立联盟，以应对系统性创新，充分融合了协同学理论和创新理论的精髓。

随着知识经济和计算机网络技术的迅速发展，创新越来越具有开放性。切萨布鲁夫（Chesbrough, 2006）提出了一种新的创新范式——开放式创新，这使组织的边界更加模糊化，创新活动所需的各种资源得以充分流通，不断促使新创意、新思想涌现。协同创新的主体不再拘泥于企业之间，高校和科研院所逐渐渗入，实现了不同学科的交叉和融合，为创新资源的挖掘、利用和整合提供了强有力的保障，形成了现在的协同创新网络。在协同创新网络中，企业、高校和科研院所等创新主体借助网络平台优势，交流思想、信息、资源，借助协同效应，实现共同目标（Peter et al., 2005）。

协同创新作为协同效应实现的主要方式，是企业打造并保持核心竞争优势的有效途径，也是国家实现创新驱动发展战略的有效手段，受到政界、学界和商界的高度重视，从不同研究视角对协同创新的内涵进行大量研究。本章梳理了一些有代表性的观点，如表 2.2 所示。

表 2.2　　　　　　　　　　　　　协同创新的概念界定

代表学者	协同创新概念	研究视角
佩尔绍德·A.（Persaud A., 2005）	协同创新是指多个参与方通过研发合作的方式为提升创新绩效而进行的协同过程	微观、中观
塞拉诺和菲舍尔（Serrano & Fischer, 2007）	协同创新是一个复杂的系统，涉及知识、技术、信息、资源等创新要素的交叉与融合	微观
素帕玛（Soeparman, 2009）	协同创新是协同主体各方为了应对内外部环境的变化而提高组织创新绩效的手段	微观、中观
陈劲等（2012）	协同创新是通过国家意志的引导和机制安排，促进企业、大学、研究机构发挥各自的能力优势、整合互补性资源，实现各方的优势互补，加速技术推广应用和产业化，协作开展产业技术创新和科技成果产业化活动	中观
杨继瑞等（2013）	协同创新是由于系统中各要素间的不协调，需要在创新主体间通过正负反馈改造创新客体，最终实现各子系统和整体系统的整体协调、合作与同步	微观
涂振洲等（2013）	协同创新是指在政府、科技服务和金融服务机构的协同支持下，以科学发现为导向，以利益共享、风险共担为原则，充分释放人、财、物、信息等创新要素，实现"1 + 1 + 1 > 3"的深度合作的复杂系统	中观

从表 2.2 可以看出，对协同创新内涵的研究主要是从微观和中观两个层面展开的。在创新主体中"谁占主导地位"的论述也没有统一观点，有研究认为高

校主导型（赵东霞等，2016），也有研究认为企业主导型（陈芳等，2015），但大多数研究更倾向于"企业主导型"，认为企业是在市场经济体制中最活跃的因素，对接市场需求和技术供应。关于协同创新内涵的确定并未达成一致看法，但根据现有研究成果，可以确定的是，协同创新具备创新效率的高效性、创新要素和创新资源的可得性、创新成果的共享性、创新过程的可持续性四个特征（解学梅等，2015）。

协同创新从本质而言是知识的增值（陈劲等，2012），知识在创新价值链中通过"沟通—协调—合作—协同"过程（Blomqvist，2017），得以分享、再配置、升级，最终实现高效、高质、高强度的创新，促进经济增长，推动科技进步。根据协同创新的内涵和特征，协同创新也有多种不同的模式，如表2.3所示。

表 2.3　　　　　　　　　　　　协同创新的模式分类

代表人物	模式分类
李等（Lee et al.，2010）	探索式模式和开发式模式
涅托和桑塔马里亚（Nieto & Santamaria，2010）	研发外包、技术联盟、技术转让、专利许可和要素转移五类模式
比杰雷加德（Bjerregaard，2010）	合作合同、技术转让、战略联盟、技术服务和技术许可
侯二秀和石晶（2015）	产学研协同创新、产业集群创新、生产链协同创新、企业协同创新网络组织
解学梅和刘丝雨（2015）	专利合作、战略联盟、要素转移和研发外包四类
鲁若愚等（2012）	技术转让、委托研究、联合攻关、内部一体化、共建基地、共建实体六种

由表2.3可以看出，由于协同创新主体参与方式的不同，协同创新模式在学界也存在不同的观点，如企业可以和其供应商、客户等主体要素进行纵向协同创新，也可以与大学、科研院所等形成横向协同创新。在纵向协同创新和横向协同创新中，政府、金融机构和中介机构等也会参与其中，也就出现了协同创新概念和模式的不一致现象。

从协同创新的模式上很难区分"协同创新"和"合作创新"这两个概念，合作创新各主体的出发动机和利益诉求均有所不同，众口难调，可能出现零和博弈的结果；协同创新虽然追求经济利益，但也注重社会价值。根据生命周期理论，把可以合作创新视为协同创新的前期阶段（胡雯等，2018）。本章也采纳这一观点。协同创新广义上可以分为纵向协同创新和横向协同创新，其中纵向协同创新主要是指以产业链为主要研究对象的协同创新，横向协同创新是指由企业、高校和科研院所等创新主体形成的协同创新。目前，应用和研究最为广泛的是横向协同创新中的产学研协同创新，有些研究（陈劲等，2012）将协同创新泛指产学研协同创新。

2.1.4　产学研协同创新的内涵与模式

从国外第一篇产学研合作研究的文章（Lincoln，1966）发表开始，到我国于20世纪90年代初引入（何郁冰，2012），产学研协同创新理论和实践都得到迅速推广并取得了丰硕成果（葛秋萍等，2018；徐刚等，2020；马永红等，2019；Degl et al.，2019；Mannak et al.，2019）。追根溯源，产学研协同创新是从产学研合作演化发展而来的。从"合作"到"协同"的演变，不仅是所用术语不同了，更是所强调的对象和交互深度不同了。根据《现代汉语词典》《新华汉语词典》《标准汉语词典》的解释，"合作"是"配合做某事或共同完成某项任务"，重在强调目标性，而"协同"是"互相协助、配合"，重在强调过程，换言之，前者以目标为导向，后者则属于过程导向。

（1）产学研协同创新的含义及特征。从产学研合作到产学研协同创新，学者们见仁见智，都给出了自己的见解。佩尔绍德（Persaud，2005）、贝克和博达斯（Bekkers & Bodas，2008）、洪银兴（2014）、庄涛（2018）从创新主体承担的功能方面对产学研协同创新的内涵进行了研究；素帕玛（Soeparman，2009）认为产学研协同创新是为了应对内外环境采取的一种手段；塞拉诺和菲舍尔（Serrano & Fischer，2007）、杨继瑞等（2013）、盛彦文等（2017）从复杂系统视角认为产学研协同创新是一个复杂系统，是实现系统协调发展的合作方式。比较有代表性的观点有：麻省理工学院的彼特（Peter，2005）认为，协同创新是"由自我激励的人员所组成的网络小组形成集体愿景，借助网络交流思路、信息及工作状况，合作实现共同的目标"。麦克尔罗伊（McElroy，2000）认为，产学研协同创新是以知识创新为核心，信息获取、知识生产、知识整合、知识扩散与知识应用的发展变化过程。

产学研协同创新是指在国家意志下，企业、高校和科研院所等创新主体将各自的优势资源进行共享、交流、整合，实现技术开发的创新活动（陈劲等，2012）。有学者认为，产学研协同创新是一种寻求创造参与方先前均没有的新知识过程，这种知识是和情景密切相关的隐性知识，能够加强合作伙伴的持续互动（Hardy et al.，2003）。也有学者（Bekker et al.，2008；洪银兴，2014；庄涛，2018）认为，产学研协同创新不仅是高校、企业和科研院所的合作与协同，更是学术界与产业界的协同，因为企业承担着产业发展的功能，是产业界的代表。大学承担着人才培养和科学研究的双重功能；科研院所的主要功能是科学研究，但也离不开人才培养和输送的功能，因此，大学和科研院所代表着学术界。本书也比较认同产学研协同创新从本质上讲是学术界和产业界之间的协同创新的观点。

研究型文化的高校/科研机构与应用型文化的企业在本质上并非是完全排斥不可调和的矛盾体（杨继瑞等，2013），前者的优势在于有前瞻性的基础研究、知识和技术信息，以及高精尖的仪器设备，属于知识和技术的供应者；后者的优势是充足的创新资金和拥有使科研成果快速转化实现商业化的技术，是前端创新技术的需求者。产学研协同创新促进了企业、高校和科研院所有形资源（如资金、材料和设备）和无形资源（知识、技术和数据）的流通（Perkmann et al.，2013），是为实现各自目标（大学的学术出版、企业的技术问题解决）和共同目标（解决社会问题）而采用的跨行业协作（Kindred et al.，2014），这也就是所谓的战略效应，该战略效应只有当组织把组织间关系作为获取所需资源的合理化手段时才能发挥得淋漓尽致（Koka et al.，2002）。

（2）产学研协同创新的内容。产学研协同创新是从产学研战略联盟、知识转化过程、组织模式创新三方面形成的"战略—知识—组织"三位一体的创新模式，其中战略协同是基础，知识协同是核心，组织协同是保障（何郁冰，2012）。战略协同的目的是寻找战略伙伴在文化和价值观念方面的"利益—风险"均衡点，拓展和延伸产业创新链；知识协同是为了通过知识联盟的方式实现各学科领域的知识在创新链中的流动与共享，提高创新水平的源头；组织协同是运用并行或网络化的模式，充分调动和发挥政府、金融、中介等及机构组织的桥梁和纽带作用。

知识作为产学研协同创新的核心要素，只有在"生产—流动—整合—扩散—

应用"过程中流动起来（Mcelroy，2002），才能实现"知识创造—知识收入—知识投入—知识再创造"的增值，进而实现产学研协同创新的可持续发展（张学文等，2014），这与何郁冰（2012）提出的知识协同具有异曲同工之处。当然，由于学科背景的不同，知识的异质性会在一定程度上阻碍产学研协同创新的协同绩效（罗琳等，2017），但这并不影响知识对产学研协同创新的总体效应。

（3）产学研协同创新的模式。产学研协同创新模式的选择受限于参与主体的地理距离、企业/行业属性、学研机构能力、创新目标等影响因素（何郁冰，2012）。于天琪（2019）基于国外产学研协同创新的国别对产学研协同创新模式进行了分类研究，如美国产学研协同创新模式、日本产学研协同创新模式等；常（Chang，2003）基于参与者性质把协同创新的模式分为供应商模式、用户协同模式、竞争者协同模式和替代者协同模式四类；李等（Lee et al.，2010）基于产学研协同创新的目标将其模式分为探索式模式和开发式模式两种；侯二秀和石晶（2015）基于创新主体在供应链或创新链中的形式对产学研协同创新模式进行了分析；涅托和桑塔马里亚（Nieto & Santamaria，2010）、比杰雷加德（Bjerregaard，2010）、解学梅和刘丝雨（2015）、鲁若愚等（2012）以及王文岩等（2008）根据产学研协同创新主体间的协作程度或合作方式将其分为技术转让、共建基地、联合攻关、共建实体或内部一体化、人才联合培养等。以上研究主要是从产学研协同创新的外在表现形式对其模式进行的研究。何郁冰（2012）则从产学研协同创新的内容方面进行剖析，他认为产学研协同创新是建立在战略协同、知识协同和组织协同三个层面上，也就是所谓的"战略—知识—组织"三重互动的产学研协同创新模式。这一模式的提出在国内产生重大影响，也成为后人选取和研究产学研协同创新模式的重要参考。

（4）产学研协同创新的测度。根据系统理论观点，协同度是衡量系统协同发展水平的重要指标。孟庆松等（2000）基于系统的角度构建了复合系统协同度的计算模型，通过用某"教育—经济—科技"复合系统的面板数据验证了构建的复合系统协同度模型[①]的正确性和可操作性，该模型的提出对国内复合系统的研究产生重大影响。刘友金等（2017）基于投入产出视角构建了包含高校子系

[①]　鉴于所有复合系统的协同度测度模型均可以被称为复合系统协同度模型，但在本章内容中提到的"复合系统协同度模型"特指孟庆松等（2000）提出的复合系统协同度模型。

统、科研院所子系统、交互子系统和企业子系统四个子系统的产学研协同创新系统协同度测评体系，并沿用孟庆松等（2000）提出的复合系统协同度模型对长江经济带 11 个省份的产学研协同创新系统协同度进行了测度分析；吴笑等（2015）根据产学研协同创新过程中的主体协同、过程协同、要素协同、机制协同、体制协同和协同效果六个维度构建了成都市产学研协同创新协同度测评体系，其协同度的计算过程依然沿用了孟庆松等（2000）的模型；卞元超等（2015）基于产学研协同创新中的知识投入、知识创造和知识运用三个方面表征企业、高校和科研机构三个子系统，并形成产学研协同创新系统协同度的测评体系，同样沿用孟庆松等（2000）的协同度计算模型测度我国各地区的产学研协同创新；白俊红等（2015）从投入产出视角构建了包含产业发展子系统、人才培养子系统和科学研究子系统的产学研协同创新系统测评体系，协同度的计算依然沿用孟庆松等（2000）提出的复合系统协同度模型。

由此可见，孟庆松等（2000）提出的复合系统协同度模型是一个得到较多学者认可的比较适合于产学研协同创新系统协同度测评的模型。除了孟庆松等（2000）提出的复合系统协同度模型之外，学者们还提出了一些其他的系统协同度评价模型，其中，比较有代表性且被广泛运用的还有耦合协调（同）度模型、距离协同度模型和全面协同度模型等，本书将在后续章节中详细介绍上述模型的应用条件和适用范围。

综上所述，产学研协同创新模型如图 2.1 所示。

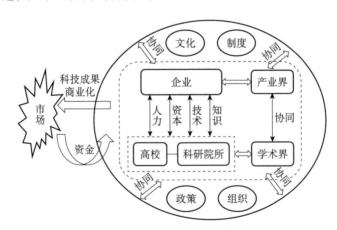

图 2.1　产学研协同创新模型

2.1.5　文献述评

产学研协同创新是推动创新驱动发展战略实施的重要手段，如何科学、合理地测评产学研协同创新就成为学界和政界共同关注的焦点与重点，也是本书的主要研究内容之一。产学研协同创新绩效作为产学研协同创新实施效果的重要体现，备受学界关注。根据上述文献梳理，产学研协同创新绩效的测评大致可以分为以下几个方面：第一，基于测评对象角度的研究，有宏观的国家或区域层面（王帮俊等，2018）、中观的产业/行业层面（薛澜等，2019）和微观的企业/项目微观层面（肖丁丁等，2013）；第二，基于绩效考核角度的研究，有创新的投入产出效率（肖丁丁等，2013）、创新成果的直接产出（如专利）或经济效益（新产品收入）等（张秀峰等，2019）。本书产学研协同创新的研究是区域层面，即区域产学研协同创新。从理论上讲，区域产学研协同创新的测评应基于产学研协同创新的投入、过程和产出三个环节对其规模大小、绩效水平和投入产出三个方面进行测评。

然而，在短时间内收集到全国各区域的产学研协同创新数据并逐年追踪参与的创新主体在产学研协同创新活动后的变化，这几乎是不可能实现的；况且，企业与学研机构的绩效研究侧重点也有很大不同（李文娟等，2018），这也对构建科学的、合理的、通用的区域产学研协同创新测评体系提出很大挑战。为此，有些研究（刘友金等，2017；卞元超等，2015）把区域产学研协同创新测评问题转化为区域产学研协同程度的测评问题，应用复合系统的协同度来度量产学研协同创新。

在复杂系统的研究中，系统的协同度是衡量复杂系统协同发展的重要指标，因此，也有学者用区域产学研协同创新系统的协同度（以下简称"产学研协同度"）表征区域产学研协同创新（刘友金等，2017）。此外，根据产学研协同创新理论分析，产学研协同度越高，说明产学研协同创新系统中各创新要素的相互作用和协同效果越好，也就越有利于区域产学研协同创新绩效的提高。综上所述，并考虑到区域产学研协同度与区域产学研协同创新绩效的高度相关性以及现实约束，本书将采纳前人的做法——用区域产学研协同度表征区域产学研协同创新。由于当前复合系统的协同度测度模型有多种（孟庆松等，2000；于世海，

2018；武玉英等，2017），本书将先对现有的协同度模型进行详细对比分析，构建并选择出适合本书（区域）产学研协同度测度的模型，以实现对（区域）产学研协同创新的科学测度。

2.2 区域经济与科技协调发展理论

2.2.1 区域经济增长理论

从古典经济增长理论，到新古典经济增长理论再到新经济增长理论，虽然出现过主流经济增长理论的荣枯兴衰，但对经济增长理论的研究却从未中止过。纵观从以索洛（Solow）为代表的新古典经济增长理论到以罗默（Romer）和卢卡斯（Lucas）为代表的新经济增长理论再到现代经济增长理论的演化，左大培等（2005）认为，经济增长理论的发展趋势就是，在给定新的外生变量前提下，不断把原来经济增长模型中的外生变量内生化，他还认为，这些经济增长的实质无外乎就是解决以下两个层次的问题：一是哪些因素决定着经济增长，二是哪些政府政策能够促进哪些经济增长因素。

根据经济增长理论的演化过程，关于经济增长的定义主要有以下三种观点：第一种观点是以保罗·A.萨缪尔森（Paul A. Samuelson，1948）观点为代表的观点，认为经济增长是指一个国家/地区在一段相当长的时期内实际总产出（物质产品和劳务）的持续增长（保罗·萨缪尔森等，1999）；第二种观点是以刘易斯观点（W. Arthur Lewis）为代表的观点，认为经济增长是人均实际产出的持续增长（阿瑟·刘易斯，2015）；第三种观点是以库兹涅茨（Kuznets）观点为代表的观点，认为经济增长是人口的增长和广泛的结构变化所伴随的每人或每个劳动力产值的持续增加（库兹涅茨，1981）。以上观点在经济增长的内涵上不断改善，基于此，本书根据第三种观点对经济增长的内涵进行如下解释[①]：第一，人均产出能力是持续增长的；第二，这种经济增长是由人口的增加和结构变化引起的；第三，技术改进是经济增长能力的基础。

结合熊彼特的创新理论和区域创新系统理论，学者们对区域经济增长的影响

---

① 王守宝. 科技进步与经济发展的相关性研究 [D]. 天津：天津大学，2010.

因素以及测评做了许多研究。薛雅伟等（2016）通过资源产业空间集聚对人力资本与区域经济增长的关系进行研究后发现，两者存在显著的正相关关系。杜伟等（2014）以我国省级面板数据进行研究发现，人力资本作为高质量发展的核心要素，并不能直接作用于经济增长，而是需要通过技术创新、技术模仿等环节间接促进经济增长，尤其是对发达地区，该路径更为明显。李敬等（2014）基于空间关联性进行分析后发现，基于中国区域经济增长把 29 个省份分成四个不同的板块且板块间存在梯度溢出效应，此外他们还基于社会网络（QAP）分析方法筛选出中国区域经济增长空间关联的主要影响因素是地理邻近、产业结构相似性和投资消费结构的相似性。格罗内沃德等（Groenewold et al.，2007）基于溢出效应的强度、方向和持续时间对中国沿海地区、中部地区和西部地区的经济增长动态进行研究发现，区域经济增长水平高的地区对低的地区有强烈的溢出效应，而区域经济增长水平低的地区主要对自身有影响，这一研究验证了李敬等（2014）研究的区域经济增长梯度溢出效应。李翔等（2019）采用空间计量技术对产业结构升级、科技创新与经济增长的关系进行研究后发现，空间关联是产业结构升级与科技创新促进经济增长的重要因素，且科技创新能有效调节产业结构升级对区域经济增长的负向效应。此外，白重恩等（Bai C. et al.，2012）、覃成林等（2012）的研究也发现，空间溢出对区域经济增长有重要影响，纳西洛夫斯等（Nasierowski et al.，2003）和刘媛媛等（2014）研究发现我国科技投入由于利用效率问题而对区域经济增长只表现出较小的拉动作用。

对于区域经济增长的测评，不少学者直接采用国内生产总值（GDP）（薛雅伟等，2016）或人均 GDP 增长率（刘媛媛等，2014）表征区域经济增长，这在新常态下显然无法体现创新驱动的发展理念，更无法满足资源约束下国民对生活质量的追求，因此，有些学者开始注重区域经济增长质量，如魏敏等（2018）从动力机制转变、开放稳定共享、人民生活幸福、经济结构优化和生态环境和谐五个维度构建了区域经济增长质量测评体系；任保平（2013）认为，经济增长质量要从增长的效率提高、创新能力提升、结构优化、福利分配改善和稳定性提高五个方面进行研究分析；王薇（2016）则从数量、质量和效益三个方面对区域经济增长进行分析，其中区域经济增长数量包括 GDP 总量及其增长率、人均 GDP 三个指标，区域经济增长质量包括经济效率、经济运行、经济结构和经济潜力四个方面，区域经济增长效益包括经济效益和社会效益两个方面。

2.2.2　区域科技进步理论

结合社会发展历程，科技进步理论研究可以追溯到 20 世纪初，但当时并没有出现"科技进步"这一名词。以现代科技进步观考察科技进步的理论发展，主要有马克思主义的科技进步观、熊彼特的创新理论、曼斯菲尔德的技术创新与扩散理论、卡曼和施瓦茨的技术创新与市场结构关系的理论以及罗默的新经济增长理论，其中熊彼特的创新理论和新经济增长理论在前面已进行了详细阐述，此处不再赘述；马克思主义的科技进步观主要表现在科学技术与社会经济发展的关系上，认为科学技术是推动社会经济发展的动力，同时社会经济又是科学技术发展的基础，两者是科学—技术—社会经济的相互促进和相互依赖的辩证关系；曼斯菲尔德基于技术创新和创新扩散理论认为，新技术的模仿比例、相对盈利率和所需投资额是影响部门内技术扩散的三个基本因素（陈伟等，2002）；卡曼和施瓦茨的技术创新与市场结构关系理论是基于垄断竞争理论把"技术创新"视为科技进步（保罗·萨缪尔森、威廉·诺德豪斯，1999），认为企业规模、竞争程度和垄断能力是影响技术创新的重要因素。以上关于科技进步的理论观点中，曼斯菲尔德的科技进步观点本质上属于狭义的科技进步概念，卡曼和施瓦茨将企业所处的客观环境视为科技进步的组成部分，而熊彼特对"创新"的界定和新经济增长理论的科技进步内生性观点最接近现代广义科技进步的内涵。

科技是经济发展的第一生产力，科技进步是科技创新活动的结果性体现（裘著燕等，2012），其影响因素及其测评理所当然地成为学者们研究的热点。关于科技进步的研究形成了以下观点：科技进步具有突破性和渐进性两种变化方式，具有高度的非线性和不可预测性，可以认为是在开发具有潜在科学和技术价值过程中所观测到的一系列性质和现象（Alexander et al. ，2012）。它具有广义和狭义之分，广义的科技进步包括自然科学技术和社会科学技术的进步，其中自然科学技术进步即为硬科技进步，如新工艺的引入和升级，新材料、新能源的应用，即狭义的科技进步；社会科学技术进步为软科技进步，如管理水平的增强、组织效率的提高等。本书的科技进步是指狭义的科技进步，即硬科技进步。

郭庆存（1992）基于科技进步的现代意义分析认为，现有科技知识基础、现有技术装备水平和资金能力、劳动者素质与数量等硬约束，与管理体制、组织管理水平、政策法规环境以及政治、经济、文化环境等软约束共同影响科技进步，同时他还认为，科技进步的作用体现在经济效益、技术效益和社会效益三方面；王冬等（2013）认为，科技进步受制度水平和制度变迁的影响，其中制度水平影响科技进步的速度，制度变迁在科技进步中发挥加速度的作用；李燕等（2015）基于对外直接投资中的反向知识溢出对科技进步的作用进行分析后发现，对外直接投资和外商直接投资对我国科技进步有明显的促进作用；张煜等（2015）基于普通生产函数和科技进步生产函数进行分析后发现，研发投入数量、研发资金投入产出弹性和各类劳动要素对促进科技进步有重要影响；徐盈之等（2009）基于索洛余值方法进行研究后发现，就业人员增长率、产出增长率、外资水平和技术发展水平对江苏省区域科技进步有显著影响。

关于科技进步的测评，刘树梅（2004）在对全国科技进步统计指标体系的修订建议中认为科技进步应该侧重于经济增长质量方面；仇国阳等（2006）以江苏省区域科技进步为研究对象，从科技投入、科技产出、社会进步和经济发展四个方面对区域科技进步检测指标体系进行了优化与重构；王新长（2014）从科技投入、科技产出、科技影响三个维度构建了区域科技进步评价指标体系。然而，当前国内应用比较广泛又具有区域特征的科技进步评价指标体系是国家科技部发布的区域科技进步评价指标体系，该指标体系包括区域的科技创新环境、科技活动投入、科技活动产出、高新技术产业化和科技促进经济社会发展五个维度[①]，是国内区域科技进步评价方面比较权威的评价指标体系。

2.2.3　区域经济与科技协调发展的内涵与重要性

2.2.3.1　区域经济与科技协调发展的内涵

根据新经济增长理论，科技进步是经济增长的内生性动力，经济增长为科技进步提供经济基础。然而，若科技进步的速度远大于经济增长的速度，经济增长则无法快速地积累经济基础，会使投入科技研究的大量资金无法以最快的速度变现；若科技进步的速度远小于经济增长的速度，这与新经济增长理论的观点又相互矛盾。如何科学、正确理解经济与科技协调发展，成为学界一直关注的问题。

---

① 资料来源：《中国区域科技创新评价报告 2018》。

朱李鸣（2000）认为，经济与科技的协调是指在内外部都处于开放的条件下，科技与经济能够相互适应、彼此依存、彼此促进实现共同发展，既是一种状态，又是一个动态过程。这也是国内首次对经济与科技的协调内涵作出界定，并被广泛认可（贾品荣，2016；董晔等，2010；汤铃等，2010）。科技进步对经济增长的促进作用体现在促进产业结构和空间经济结构合理化、技术结构高度化、组织结构优化以及经济效果和效益；经济增长促进科技进步主要表现在经济发展水平对科技进步的科技投资、导向和选择作用，科技资源配置结构的合理化以及科技成果数量和质量的提升（朱李鸣，2000），经济与科技是一体两面的"目的—手段"关系。

现阶段，中国社会主要矛盾已由原来的人民日益增长的物质文化需要同落后的社会生产之间的矛盾转变为人民日益增长的美好生活需要和不平衡不充分的发展之间的矛盾，中国经济也由原来的高速度发展转向高质量发展。在"五位一体"和"协调发展"的理念指导下，经济与科技协调发展的内涵又得到进一步扩展和提升，主要体现在以下三个方面（张钟月，2019）：第一，经济与科技协调发展的核心思想是高质量发展，从制度创新层面提升经济与科技的协调性；第二，提炼经济与科技协调发展的基本规律，从政策层面思考科技政策与经济政策的协调性问题，深化经济与科技协调发展的规律性认识；第三，经济与科技协调发展的突破口在于科研成果商业化，关注知识产权与科技体制改革问题，寻求提高科研成果商业化、优化促进经济与科技协调发展的提升路径。

2.2.3.2 区域经济与科技协调发展的核心思想

经济与科技协调发展的核心思想是高质量发展，尤其是经济增长质量的提升（张钟月，2019），在许多古典经济学家的观点中，经济增长质量与经济发展质量是可以被同等看待的，而经济发展质量的高级状态和最优状态又是高质量发展（任保平等，2018），因此，有必要对高质量发展进行更多的解释。高质量发展是相对和绝对以及质量与数量的统一（国务院发展研究中心中国民生调查课题组、张军扩、叶兴庆等，2018；张军扩、侯永志、刘培林等，2019）。在创新驱动下，通过科技进步实现经济增长由规模和数量向效益和质量的转变，实现高质量发展。高质量发展的内涵主要有以下三个方面（邓祥征等，2021；赵剑波等，2019）。

第一，基于系统平衡观视角，它就是以创新为发展首要动力，经由开放之路，打造具有协调内生特点的绿色常态，实现共享根本目的。其内涵从原来的经济层面延展到对人的安全、健康、公平正义等社会层面；基于经济发展观视角，它包含经济增长过程和结果两方面的内容，过程内容体现在结构优化和稳定运行，结果内容体现在居民福利水平变化、生态环境代价和资源利用效率。

第二，创新是第一动力，但创新承担着双重角色，一个是创新的驱动能力，这是以创新结果的角色来衡量其有效性；另一个是创新的效率提升能力，这是以创新的投入要素角色来衡量其对其他生产要素的使用效率影响。

第三，基于民生指向观视角，它主要是指质量的合意性，主要解决是否满意而不是有无多少问题，充分体现民生需求与满意度。

2.2.3.3　区域经济与科技协调发展的重要性

区域经济增长与科技进步系统的协调发展过程是从不协调状态到协调状态，再由协调状态进入新一轮的不协调状态，经过"不协调—协调—不协调—协调"的循环往复实现螺旋链式发展。在螺旋链式发展模式中，区域经济增长与科技进步互相影响、互相渗透、互相促进。根据区域创新系统理论，区域创新系统由区域内政府、高校、科研院所、企业等主要实体及其拥有的有形或无形资源形成，且各主体拥有的资源属性和功能各不相同。政府可以制定区域政策法规以提供区域政策环境；高校和科研院所拥有精密的实验仪器和丰富的、前沿的基础知识，也是高层次人才的聚集地，同时还具有为社会培养人才的功能；企业担负着实现科技成果转化和完成商品正常流通，促进社会经济正常运转和发展的重要责任。虽然各实体各司其职，但又相互依存、唇亡齿寒。

根据区域经济增长与科技进步协调发展的内涵，当区域经济增长与科技进步协调发展时，说明区域内的各种资源都得到合理利用，各实体都能各取所需，同时经济增长能快速实现在科技发展中投入的大量资金的回流，为新一轮的科技进步提供稳定的经济基础，科技进步又能在最短的时间内满足因经济增长而产生的新的需求，刺激区域经济增长与科技进步向更高层次的协调发展，为区域积累更多财富，增强区域科技和经济实力，提高区域的竞争能力。当区域科技进步与经济增长协调发展时，市场出现新需求，新需求产生新供给、新岗位，同时需要新技术，企业根据获取的这些市场信息生产新商品，生产新商品又需要高校和科研院所的技术支持甚至政府的政策支持，因此，高校和科研院所根据企业所提供的市场信息（包括新岗位对人才类型的需求）进行新的科学技术研发和制定人才培养计划，从而推动区域科技进步，出现新的科技成果；企业对新科技成果进行转化生产出新产品，满足市场需求，实现企业资金回流，企业再向高校和科研院所提供资金支持，满足高校和科研院所的基础研发，开展新的科学研究，促进区域科技进步；在企业实现资金回流的过程中，企业向区域政府缴纳的税收增加区域财政收入，政府对财政收入进行合理分配，加强研发投入、增加基础建设、提高社会福利从而满足人民生活需求，进而使区域科技进步与经济增长进入良性循环。

2.2.4　文献述评

当区域经济增长与科技进步出现不协调时，其原因有以下几种可能：第一，区域内的资源没得到合理利用；第二，实体间的协调机制有问题或不完善；第三，区域的政策法规等宏观环境无法与现实相适宜。无论是哪种可能导致的区域科技进步与经济增长不协调，都不利于区域的长期可持续发展，尤其是对实力本身就比较弱的区域，更何况三种可能大多数情况下是同时存在且相互关联的。当出现第一种可能时，实体间有和谐的协调机制，但投入的资源并没有以最优的组合方式发挥最大的效益，造成资源浪费，不利于在资源有限的形势中实现可持续发展；当出现第二种可能时，即实体间的协调出现问题，比如断接，高校和科研院所的科技成果无法转化为商品，又无法获取准确的市场信息，导致科技成果与市场脱节，同时企业也要为解决技术问题而重复投入大量的人财物甚至依然无法解决，造成区域内资源的浪费；当出现第三种可能时，即区域政策不匹配时（通常是政策不能很好地为实体间合作提供良好的保障机制），政府不能为企业、高校和科研院所的协调发展提供良好的宏观环境，会导致各实体发展动力不足，也无法吸引外部投资甚至无法留住现有企业。此外，法律法规的不完善还有可能导致部分实体滋生机会主义思想。以上三种可能的发生会使区域科技进步与经济增长陷入恶性循环。

虽然区域经济增长与科技进步在区域资源利用、各实体发展、区域实力提升等方面都有重要作用，但是如何测评区域经济增长与科技进步的协调发展、如何判断协调发展程度，目前并没有统一的答案和标准。况且不同发展阶段区域经济与科技协调发展的测评目标也存在差异。

2.3 区域创新系统理论

2.3.1 区域创新系统的提出

随着国家创新系统理论的发展与深入，学者们开展了一系列基于国家范围内特定区域的创新活动研究，形成了所谓的区域创新系统理论（顾新，2002）。区域创新系统作为国家创新系统的延伸，是创建创新驱动型国家的基础，是支撑我国经济与科技协调发展的重要组成。区域创新系统概念最早是由库克（Cooke）教授在 1992 年提出的，他后来又在 1996 年出版的《区域创新系统：全球化背景下区域政府管理的作用》一书中对区域创新系统进行了详细阐述，认为区域创新系统主要是由在地理上互相分工与关联的企业、高校和研究机构等构成的区域性组织体系，且这种组织体系支持并能产生创新（Cooke，1996）。

至此，引起了国内外学者对区域创新系统的广泛研究，如路易等（Lew et al.，2021）、克里林等（Kreiling et al.，2020）、苏屹和李忠婷（2021）、王展昭和唐朝阳（2021）、奥利韦拉等（Oliveira et al.，2017）、柳卸林等（2002），其中比较有代表性的是：豪克（Hauknes，1998）把区域创新系统视为新阶段的区域科学发展，并认为区域内和区域间的知识流（信息流）是完成区域创新系统能量交换和流动的主要形式；知识是区域创新系统的核心要素。基于这一要素，苏屹等（2016）基于结构和功能对区域创新系统的主体构成和系统特征进行分析，并基于创新的成果、配置和潜力构建了区域创新系统的演化模型。知识要素对区域创新系统中知识流动的特点和主要形式进行了详细分析，发现高校/科研院所与企业间的合作创新（即产学研协同创新）是区域乃至国家支持创新的重要财富之一（顾新，2002）。

2.3.2 区域创新系统的内涵及构成

区域创新系统是由区域内的企业组成的"群"，并通过合作和竞争等形态构成企业网，从而实现全球竞争力，且面向市场经济的科技资源、新形势下的经济政策与管理办法、在市场经济中不断壮大或衍生的新兴企业是构成区域创新系统的三大要素（胡志坚等，1999）。威格（Wiig，1995）认为，区域创新系统是由高等教育机构、企业群、政府机构、科研机构和中介金融机构组成的。奥德 (Autio, 1998) 认为，区域创新系统是由相互作用的若干子系统组成的，且子系统内部和子系统间互相作用产生知识流进而推动区域创新系统的发展。苏屹等 (2016) 认为区域创新系统是由区域创新主体、创新资源和创新环境三个子系统组成的，并基于创新成果、创新配置和创新潜力构建了区域创新系统的 "B-Z" 反应模型。区域创新系统在本质上是一个系统，系统的本质就在于它具有多样性，包括非线性、自组织性、不确定性、涌现性等复杂特征（苏屹等，2016）。

2.3.3 文献述评

虽然学者们关于区域创新系统的观点有所不同，但都涉及区域内政府、高校、科研院所和企业等创新主体的联系，其中，政府主要是起到为区域创新系统提供政策引导、政策支持和调控创新活动等宏观环境的重要作用（顾新，2002），真正参与创新活动的是高校、科研院所和企业。以企业为执行主体，与高校和科研院所组成跨组织协同创新系统（王翠霞，2014），即产学研协同创新系统。与区域内其他创新系统（企业间系统、企业与用户组成的系统、企业与供应商等组成的系统）相比，企业与高校/科研院所形成的产学研协同创新系统不仅是区域创新系统的重要组成部分（顾新，2002），更由于具有参与主体间的利益非竞争性、技术和知识的互补性等独特优势（王翠霞，2014），而成为提高区域创新系统能力和创新绩效、实现区域竞争优势的重要途径。

同一国家范围内不同区域创新系统的独特性和客观性决定了区域创新系统的多样性，因为每个区域的历史发展过程、自然资源条件、技术积累水平和经济发展程度不同。此外，顾新（2002）认为，不同区域创新系统内存在着制度、政策、教育、市场、法律和文化风俗等客观环境因素的差异，这在很大程度上会使区域创新系统存在不协调情况，且这些客观环境因素不利于不同区域创新系统间创新要素的流动。换言之，区域创新系统的创新要素流动更容易发生在同一个区域内，这也是区域政府最鼓励和支持的创新活动，因此，许多研究（苏屹等，2020；王邦兆等，2014；苏屹等，2018）主要倾向于区域内的创新活动，区域内的产学研协同创新也就更容易发生，且更有利于促进区域创新能力的提升（原毅军等，2016）和区域内的协调发展。

2.4 协同度测量模型

对于复合系统而言，为了反映其运行的好坏及复合系统内各要素的协同程度高低，人们常用协同度（也称"协调度"，synergy）作为衡量复合系统协同效果的主要工具。协同度不仅能反映各子系统在发展演化过程中彼此和谐一致的程度，还决定复合系统的发展趋势和程度，也是运用最广泛的工具。目前，主要有复合系统协同度模型、耦合协同度模型和全面协同度模型。

2.4.1 复合系统协同度模型[①]

复合系统协同度模型是孟庆松和韩文秀（2000）首次提出的，该模型基于协同学理论的序参量原理和役使原理，从系统学视角出发，充分剖析了复合系统的特征和协调运行机制，并用"教育—经济—科技"复合系统进行了实证分析，验证了该模型的正确性和可操作性，从而被广泛应用和扩展。吴笑等（2015）在复合系统基础上构建了成都市协同创新复合系统；白力彪等（Bai LiBiao et al.，2018）基于复合系统理论，从组织战略目标、项目组织和环境三个维度构建了项目组合选择模型。

其相关概念和计算步骤如下（孟庆松等，2000）。

定义 1：复合系统和复合因子。

复合系统 S 由多个子系统 $S_j(j = 1,2,3,\cdots,k)$ 组成，其中 S_j 表示第 j 个子系统，k 表示子系统的个数。子系统间通过相互作用产生协同效应，形成"1 + 1 + 1 > 3"的效果，即 $E(S) > \sum_{j=1}^{k} S_j$，其复合方式用数学公式表达为：

$$S = f(S_1, S_2, \cdots, S_k) \qquad (2.1)$$

其中 f 为复合系统中的复合因子。

定义 2：子系统有序度模型。

在子系统 S_j 发展过程中，其序参量分量为 $e_j = (e_{j1}, e_{j2}, \cdots, e_{jn})$，其中 $n \geqslant 1$，$L_{ji} \leqslant e_{ji} \leqslant U_{ji}$，$i \in [1, n]$。$L_{ji}$、$U_{ji}$ 分别是序参量分量 e_{ji} 的上下限。正序参量的 e_j

---

① 本部分的"复合系统协同度"特指孟庆松等提出的复合系统协同度模型。书中其他部分的"复合系统协同度"泛指复合系统的协同度。

取值越大，该子系统的有序程度就越高；负序参量的取值越小，该子系统的有序程度则越高。为使序参量分量保持在一定范围内，通过上下限区间 $[L_{ji}, U_{ji}]$ 和式（2.2）对正负序参量分量的有序度进行调整，使其值集中在某一点附近，不至于过大或过小。

$$u_j(e_{ji}) = \begin{cases} \dfrac{e_{ji} - L_{ji}}{U_{ji} - L_{ji}}, & i \in [1, m_1] \\[2mm] \dfrac{U_{ji} - e_{ji}}{U_{ji} - L_{ji}}, & i \in [m_1 + 1, n] \end{cases} \tag{2.2}$$

由式（2.2）可以看出，$u_j(e_{ji}) \in [0, 1]$，其值越大，e_{ji} 对子系统 S_j 有序度的"贡献"越大。序参量分量对系统有序程度的"总贡献"通过 $u_j(e_{ji})$ 的集成来实现，集成的方法有几何平均法和线性加权和法，即式（2.3）和式（2.4）

$$u_j(e_j) = \sqrt[n]{\prod_{i=1}^{n} u_j(e_{ji})} \tag{2.3}$$

或

$$u_j(e_j) = \sum_{i=1}^{n} \lambda_i u_j(e_{ji}), \lambda_i \geq 0 \text{ 且 } \sum_{i=1}^{n} \lambda_i = 1 \tag{2.4}$$

其中，$u_j(e_j)$ 即为序参量 e_j 的系统有序度，取值范围 $[0, 1]$，越接近1，说明子系统越有序；越接近0，则表示越无序。在式（2.4）中，λ 为权系数，表示在系统有序运行过程中的重要程度。

定义3：复合系统协同度模型。

系统是在不断运行发展的，在不同的时刻，各子系统的序参量系统有序度不同，复合系统协同度则表现为某一时段的协同情况。因此，假定以 t_0 时刻为初始时刻，t_1 为系统运行发展过程中的某一时刻，$u_j^0(e_j)$ 和 $u_j^1(e_j)$（$j \in [1, k]$）分别为 t_0、t_1 时刻各子系统的序参量系统有序度。那么，在 $t_0 \sim t_1$ 时段内，复合系统的协同度 Syn 为：

$$\text{Syn} = \theta \sqrt[k]{\left| \prod_{j=1}^{k} [u_j^1(e_j) - u_j^0(e_j)] \right|} \tag{2.5}$$

其中，

$$\theta = \frac{\min_j [u_j^1(e_j) - u_j^0(e_j) \neq 0]}{|\min_j [u_j^1(e_j) - u_j^0(e_j) \neq 0]|}, \quad j \in [1, k], \lambda_i \geq 0 \tag{2.6}$$

且 $\sum_{i=1}^{n} \lambda_i = 1, i \in [1, n]$。

Syn∈［-1,1］，其值越大，说明复合系统协同度越高，反之则协同度越低。从式（2.6）中可以看出，只有当 $u_j^1(e_j) - u_j^0(e_j) > 0 (j ∈ [1,k])$ 时，Syn 取值为正，复合系统处于正向协调状态，说明是协调发展，值越大，协调程度越高；若 Syn 值为负，则复合系统处于不协调状态，说明复合系统中有一个子系统的有序度提高幅度比较大，而其他子系统的有序度提高幅度小或反向。

2.4.2　耦合协同度模型

耦合协同度模型借鉴了物理学容量耦合度模型（Illingworth，1996）的概念与算法。盛彦文和马延吉（2017）基于耦合系数模型对区域产学研协同创新系统进行测量。先利用耦合度模型计算出系统的耦合度，再结合系统的综合发展度测量复合系统的耦合协同度。他们还运用构建的模型对 2009～2014 年中国 31 个省份的产学研协同创新系统进行实证分析。武玉英等（2017）将耦合度模型作为协调系数来计算复合系统的耦合协调度，并运用此模型对京津冀地区 2010～2016 年的高技术制造业与要素的协同情况进行实证分析。

耦合协同度模型算法中计算子系统有序度的算法与式（2.2）～式（2.5）相同，在此不重复介绍，现介绍耦合协同度模型中协同度的计算。耦合协同度模型是引入物理学中的容量耦合系数（Illingworth，1996），并作为协同度计算的组成部分，计算公式如下：

$$D = \sqrt{C \times T} \tag{2.7}$$

其中，

$$C = k \cdot \sqrt[k]{\frac{\prod_{j=1}^{k} f_j(e_j)}{\prod_{j_2,j_1=1}^{k} [f_{j_1}(e_{j_1}) + f_{j_2}(e_{j_2})]^2}} \quad 且 j_2 \neq j_1 \tag{2.8}$$

$$T = \sum_{j=1}^{k} \omega_j u_j(e_j) \quad 且 \sum_{j=1}^{k} \omega_j = 1 \tag{2.9}$$

其中，D 为复合系统的耦合协同度，C 为耦合度，T 为综合调和指数，$f_j(e_j)$ 为子系统 S_j 的函数，ω_j 为子系统 S_j 的权系数，其他符号同上述复合系统协同度。

2.4.3　全面协同度模型

全面协同度模型是郑刚（2004）基于全面创新管理理论，在全面协同、全员参与度和全时空创新程度等创新过程，充分分析技术、战略、文化、组织、制度和市场六大创新要素在系统发展演化过程中的协同程度而提出的。其计算过程借鉴了复合系统协同度方法。

除上述协同度测量方法，还有王鑫等（2016）的多维效用并合模型；官建成和张华胜（2000）基于界面管理影响因素分析的灰色聚类方法；塔什曼和奥莱理（Tushman & O'Reilly，1996）提出的基于人、正式组织、关键任务、文化四个基本要素组成的六种不同组合（人—正式组织、人—关键任务、人—文化、关键任务—正式组织、关键任务—文化、正式组织—文化）来诊断组织中基本要素一致性（即协同性）的工具；恩赛因（Ensign，2001）基于双层次战略（业务战略和企业战略）、三维度（战略、组织、环境）和三匹配（内部匹配、外部匹配和整合匹配）提出的六格矩阵匹配方法。

2.4.4　不同协同度模型的比较

以上协同度测量方法中，前三种方法比较常见，且复合系统协同度模型和耦合协同度模型经常被用于宏观层面协同度研究，也是目前在计算协同度方面运用非常广泛的算法；全面协同度模型主要用于企业微观层面协同度的测量。鉴于本书属于区域宏观层面的研究，故对上述协同度测度模型中的复合系统协同度模型和耦合协同度模型进行详细介绍。

从章节 2.4.1 和章节 2.4.2 中对两种协同度计算模型的介绍可以看出，复合系统协同度模型是建立在各子系统有序度改变幅度 $[u_j^1(e_j) - u_j^0(e_j)]$ 的基础上，再采用几何平均集成算法和参数计算复合系统协同度，董豪等（2016）、张夏恒等（2018）、王宏起等（2012）直接运用该模型进行复合系统的协同度计算；李虹等（2016）、马骁（2019）在复杂系统时则采用算术加权算法和参数对复合系统的协同度进行计算；而邓小朱等（2016）借鉴了复合系统协同度模型中各子系统有序度改变幅度观点，先用改进的指数模型计算各子系统间的协同度，然后用几何平均算法计算复合系统的协同度。耦合协同度模型融合了复合系统的耦合和协同效应，但关键是 $f_j(e_j)$ 函数的建立，如武玉英等（2017）构建的 $f_j(e_j)$ 是关于时间 t 的函数，但并没有建立起子系统有序和复合系统的协同度的直接关系；在范厚明等（2015）和田增瑞等（2019）的研究中，他们直接令

$f_j(e_j)$ 等于子系统有序度，即 $f_j(e_j) = u_j(e_j)$，也有研究（于世海，2018）直接用耦合度作为最终的协同度。

通过以上分析发现，两种常见的复合系统的协同度模型各有千秋，难分伯仲，应用也都非常广泛。而且，现有文献关于协同度模型的实证分析中均是直接进行应用分析，并没有对不同模型进行选择对比分析。因此，本书将充分吸收两种模型的优点，构建一个新的复合系统协同度测量模型，并将新构建的模型与经典的协同度模型进行对比分析，选出更适合本书研究的协同度测量模型，这也是本书研究在复合系统的协同度方面与以往研究不同的地方。

2.5 本章小结

本章详细介绍了将要涉及的理论基础，如产学研协同创新理论、区域经济增长与科技进步协调发展理论和区域创新系统理论，并对比分析了常见的复合系统协同度模型、耦合协同度模型和全面协同度模型等复合系统的协同度模型。

第3章　产学研协同创新对区域经济与
科技协调发展的理论研究

通过对产学研协同创新理论、区域经济增长与科技协调理论的分析发现，在由高速度增长向高质量发展转变过程中，发展动力已由原来的要素驱动转为创新驱动，并且区域经济与科技协调发展的内涵也得到进一步的扩展和深化。产学研协同创新作为创新驱动经济发展的首选范式，有必要对其对区域经济与科技协调发展的作用机制进行重新梳理。基于此，本章将从驱动机制和运行机制讨论产学研协同创新对区域经济与科技协调发展的作用机制，并提出对应假设。

3.1　产学研协同创新对区域经济与科技协调发展的驱动机制

市场与政府角色定位直接关系着创新驱动的成功与否，应各司其职，如政府应该侧重创新制度和创新环境完善，提供良好的市场环境，避免对微观经济的直接干预。人才培养、基础科学研究等方面应交由市场负责（江飞涛等，2014）。因此，本节从市场、政府和目标三个方面对产学研协同创新对区域经济与科技协调发展的驱动机制进行分析。

3.1.1　市场引导机制

经济与科技协调发展的核心思想是高质量发展，第一动力是科技创新，同时，科技创新又是高质量发展的着力点（上官绪明等，2020）。科技创新的有效需求来源是市场，市场引导着企业、产业/行业和区域上新技术、新产品、新服务的产生和推广（孟凡蓉等，2019）。产学研协同创新作为一种新的科技创新范式（陈劲等，2012），实现科技成果商业化是产学研协同创新过程的重要目标，它不仅直接正向影响经济增长，还能够正向调节产学研结构升级对经济增长的消极影响（李翔等，2019）。高质量发展的主要发展目标之一是充分发展，其主要体现是优化产业结构实现产业转型升级、消费结构方式转变、切换为创新驱动实现增长动力转换（赵剑波等，2019），其中需求结构变迁会促进产业结构转型（颜色等，2018），然而，产业结构优化并不能使经济增长保持稳定的发展态势，关键时还是需要科技创新缓解其减速态势（李翔等，2018）。

作为经济与科技协调发展的突破口，科技成果转化是科学发现、技术发明和产业创新的创新链与产业链的关键环节，也是产学研协同创新科研成果进入市场的"最后一公里"，不仅关系国家自主创新能力的提升，还促进产业结构升级（张亚明等，2021）。当前经济与科技"两张皮"的现象一直不能得到有效缓解，一个重要因素就是科研成果转化率无法提高（余义勇等，2020），科研成果的低转化率会使企业因协同创新中的研发投入无法得到预期收益而降低创新积极性，从而抑制经济增长（柳卸林等，2018）。创新能力不足、创新动力缺乏、质量技术基础薄弱等都严重影响经济增长方式转换（任保平等，2018；江飞涛等，2014），尤其是核心技术，因此，培育一批领军企业迫在眉睫。领军企业的培育有助于关键核心技术突破和产业布局能力提升（宋艳等，2021），核心技术提升的关键在于以市场为导向、以企业和大学为主体的产学研协同创新（辜胜阻等，2018）。余义勇等（2020）认为，通过产业联盟开展产学研协同创新正是培育领军企业的有效模式。产业间通过协同创新的知识协同、知识溢出、知识重组促进经济增长与科技进步（柳卸林等，2018）。

3.1.2　政府推动机制

在市场体制不完善的情况下，需要政府进行适当的干预，政府引导更容易促使产学研创新主体合作条件实现，降低创新主体的赔偿系数，甚至通过一些政府政策措施提高创新主体的预期收益（薛莉等，2021）。国家发展战略在不同阶段的侧重点各不相同，如比较优势发展战略中会先后经历"城镇化、工业化""劳动密集型技术""劳动密集型技术＋资本密集型技术""资本密集型技术"四个阶段，在正常的发展进程中，产业结构的转变会缩小收入分配差距，若政府进行过度干预，则会带来相反的结果（林毅夫等，2013），因此，政府政策应该采取"抓大放小"（抓好大的，放活小的）的双重举措（黄先海等，2017）。科技政策目标能有效促进知识产权保护，其相互作用会积极影响创新发展，尤其是互补性政策的作用显著增强（徐喆等，2017）。政府支持在协同创新意愿和协同创新绩效中起正向调节作用，尤其是面向区域发展和文化传承方面的协调效果更加显著（蒋兴华等，2021）。政府导向在企业创新方面更有助于突变创新的提升，且竞争强度会加强这种促进作用（李晓冬等，2015），当企业创新能力不足时，其协同创新意愿会大大降低，就更难突破融资困局，此时政府若完善金融服务，则能极大提高企业协同创新积极性，从而提高企业创新能力，有助于企业转型升级（周开国等，2017）。

在区域创新系统中，地方政府作为重要参与主体，对建立健全区域创新政策、搭建创新平台、调动创新主体（高校、科研院所、企业）积极性和科研成果分享机制等具有重要责任（张军扩等，2019），这对实现区域创新绩效、服务经济增长有重要影响（张娜等，2021）。基于此，政府从公共创新资源着手，通过提升产、学、研创新主体的互动关系，有利于培育创新型领军企业（张军扩等，2019），创建微观、中观和宏观多层互动的创新体系是创新主体与领军企业高效协同的重要保障（余义勇等，2020）。创新体系构建以完备的创新要素和创新资源为前提，一般情况下，创新要素的获取一方面来自自身禀赋和成果的积累，另一方面来自区域外（白俊红等，2015），形成区域地方政府的竞争与主导，这与区域异质性有密切关系，如东部发达地区以地方政府竞争为主，中西部欠发达地区以地方政府主导为主（张娜等，2021），地方政府主导的区域内产学研协同创新显著提升区域创新效率（杨柏等，2020）。同时地区社会资本能有效缓解企业机会主义，提高区域内企业参与协同创新的积极性（冉戎等，2020）。官助民办技术平台的搭建不仅为企业开展双元学习（技术型学习和探索型学习）提供渠道，还能正向调节对创新绩效的影响效果（罗晨阳等，2017）。政府通过调整产学研协同创新中的研发资金分配能有效推动科技成果转化（郭正权等，2021），尤其在市场失灵时，政府通过补贴政策、成果奖励政策，更有助于激励协同创新产生的社会效益（李柏洲等，2020）。

3.1.3　目标导向机制

当前我国社会主要矛盾已经转化为人民日益增长的美好生活需要和不平衡不充分的发展之间的矛盾，为了很好地缓解和解决该矛盾，国家提出实施高质量发展战略。从经济增长过程来看，高质量发展的主要目标是充分发展和均衡发展（赵剑波等，2019），充分发展是指在保证经济增长速度和规模的基础上实现经济增长质量和效益以及经济增长稳定性，主要体现在发展方式转变、经济结构优化、增长动力转换等方面；均衡发展主要是为了解决产业和市场发展不平衡、城乡和民生发展不均衡问题。无论是充分发展还是均衡发展，其最终的目标都是民生福祉。就发展地理学而言，区域均衡发展是指区域发展能力均衡、区域发展机会均衡和区域发展结果均衡三个方面，其中区域发展机会均衡是公平正义的体现，区域发展能力均衡是依据区域禀赋和特色优势，区域发展结果均衡是更高层次的要求，是实现民生发展（邓祥征等，2021）。均衡发展实施的前提是技术扩散，然而技术扩散会因区域文化差异而不能自由或有效扩散，需要借助高水平的人力资本、高比例的外来移民人口和更多的外国直接投资来逐渐削弱文化差异带来的消极影响（林建浩等，2017）。

收入分配作为民生客观指数的主要测量指标之一（张玉台等，2015），收入水平仍然是城乡居民的关切焦点（张军扩等，2018、2019），因此，提高居民收入水平、缩小城乡收入差距仍然是高质量发展阶段的首要问题。吴万宗等（2018）基于微观层面的研究发现，合理的产业结构能积极改善收入分配不均衡现象，但高级化的产业结构的影响效果需要进一步验证。徐春华等（2015）从省域中观层面研究发现，产业结构升级和城乡居民收入差距的作用关系不是线性而是"U"型的非线性关系，并且与东部地区相比，产业结构升级更有助于缩小西部地区的城乡收入差距。城乡收入差距会影响人力资本投资，对劳动力质量形成制约，从而影响中国经济增长的长期发展（钞小静等，2014）。从产业发展来看，政府为推进产学研协同创新而实施的研发补贴政策在促进新兴产业短期增长的同时冲击了传统产业发展，且在长期而言还会对技术进步产生阻碍效应，此外，研发补贴政策的效果是由不同产业间的知识溢出效应决定的，只有当这种溢出效应非常高时，才可以实现所有产业的均衡发展，否则对一个产业的补贴会抑制另一个产业的发展（王宇等，2013）。

3.2 产学研协同创新对区域经济与科技协调发展的运行机制

3.2.1 基于要素流动的运行机制

中国经济由高速度发展转向高质量发展，创新驱动是第一动力，创新要素作为创新驱动推动经济增长的重要力量，在区际内外和创新主体间根据外部市场信号发生自由流动产生空间溢出，这种溢出效应促使创新要素（尤其是研发要素）合理流动，不仅能提高高技术产业的创新能力（宛群超等，2020），还有助于促进经济增长（白俊红等，2017；Los B.，2000）。在以知识为载体的创新要素流动过程中，一方面对流入区域而言，其劳动生产率得到大幅提升，能有效改善要素投入质量低下的局面；另一方面对流出区域而言，不仅可以得到高的要素收益率，还能激发其市场潜能，充分体现要素流动的"协调性集聚"特征（王必达等，2020）。基于区域差异性，技术和资本等要素的流动对西部不发达地区的经济效益最大，劳动力要素的流动对东部发达地区的经济效益最大，但在各要素流动中，市场一体化还发挥中介效应作用（陈磊等，2019）。张治栋等（2019）研究发现区域经济差距的加大在一定程度上是受到产业集聚影响，但该影响可以通过产业集聚与要素流动的相互作用有效降低，从而促进区域协调发展。

在创新要素流动过程中，不同时期的政府政策是引导创新要素流动的重要因素，人作为高质量发展的核心要素（任保平等，2018），它和资金、技术等创新要素受创新环境和创新效率的重要影响（冯南平等，2017）。政府研发支持能以非线性方式正向调节其对区域创新绩效的作用（卓乘风等，2017），且基于经济空间距离、地理邻近、行政邻接和空间距离的地方政府财政支出竞争显著正向影响区域创新绩效（卞元超等，2020），政府的创新补贴能激发企业创新动力和活力（宋砚秋等，2021），促进内部要素流动提高整体配置效率，进而提升企业创新绩效，实现"放小"政策（黄先海等，2017），尤其是对低要素市场扭曲地区，这种补贴效果会更好，同时所有制会根据不同程度的要素市场扭曲调节政策补贴和企业创新绩效（杨洋等，2015）。

3.2.2　基于产业结构升级的运行机制

在创新驱动的经济与科技协调发展下，产业结构调整和升级是衡量高质量发展的重要指标（梁丽娜、于渤，2021），产学研协同创新对区域内和区域外产业升级均存在溢出效应，只是对区域外的溢出效应需要通过创新要素的区域间流动实现（孙大明等，2019）。溢出效应作为探究产业结构调整和经济增长关系的重要因素，它们的关系会受经济发展阶段（如工业化阶段、城市化阶段）以及城市人口规模（中等规模及以上、小城市规模）的双重约束（于斌斌，2015）。

在科技进步推动、政府引导和市场需求驱动情境下，产业结构会发生调整，引起市场对生产要素（资本和劳动）的需求变动，进而促使区域间的生产要素转移，引发地区政府间的竞争，因此，在现代技术产业集聚中，区域可以根据技术产业比例情况进行区域产业结构调整，若盲目投入优势资源禀赋，不仅不会缓解地区经济差距，还会成为高技术产业地区的"无私投资方"（孙巍等，2021）。这充分体现了区域产业结构调整中的区域竞争特征，且越是产业结构高度化的区域，其技术效应依赖性越大（黄亮雄等，2015）；对落后地区而言，产业结构对这些地区的经济收敛问题有很好的可解释性，因此可以从产业结构优化方面着手推进其工业化进程，从而缩短与发达地区的经济差距（戴觅等，2015）。

根据一系列完整的创新链条，其关键环节是产业技术创新和企业技术创新，技术创新的技术来源有外源和内源两种方式，而在现实中，更多的是两者的结合（金碚，2018）。企业为获得更多技术不得不实施技术搜索策略，在市场竞争环境相同的前提下，企业根据自身所占据的价值技术位高低选择是否在邻近搜索，更有助于搜索到高价值技术（朱姗姗等，2020）。与技术引进和模型创新相比，技术创新中的自主创新更能促进区域经济增长，且在产业结构既定时，技术创新与产业结构升级的边际效应存在负相关关系，故增加技术创新投入在产业结构升级过程中的作用更加明显，更有助于全面提升产业技术水平（梁丽娜、于渤，2021）。然而，在产业结构转型升级进程中，科技产业化、技术研发、资产流转等协同创新活动需要多样化的金融服务才能得以满足，因此，完善的金融发展体制有助于发挥技术创新在产业结构转型与经济增长中的作用（易信等，2015），其中金融的规模、经营效率、产出率和结构比率与产业结构升级率有长期的均衡关系（罗超平等，2016）。

3.2.3 基于科技成果转化的运行机制

科技成果转化作为创新驱动发展战略推动科技进步与经济增长的关键环节，也是实现经济与科技协调发展的突破口，因此，其转化能力和转化率水平也就成为各界关注的焦点。然而，并不是所有的科技成果都可以或者短期内可以实现其商业价值带来的经济效益，为此，戚湧等（2015）把科技成果分为三类，分别是属于公共品的基础公益类成果、具有利益相关者和团体共享特征的共性技术类科技成果、属于独立法人的专有技术类科技成果，不同的科技成果类别采用不同的方式，如基础公益类采用政府主导，专有技术类采用市场主导，共性技术类则采用以政府为主市场为辅的引导方式。科技成果的快速甄别有助于实现科技成果有效转化，带来经济效益和社会效益。

要提高科技成果转化效率的先决条件是实现人才和知识的自由流动（文剑英，2019），知识可分为隐性知识和显性知识，隐性知识往往以人才为载体，通过人才的流动和交流才能得以发挥。在产学研协同创新活动中，创新主体的知识积累程度和知识类别有所差异，形成知识势差，为协同创新中人才和知识流动提供条件，知识积累水平越高，产学研协同创新和技术创新效率的作用效果越好（肖振红等，2021）。创新主体间知识的互补性和兼容性促使人才和知识推动产学研协同创新的发生（苏屹等，2020），从而实现结构升级（赵健宇等，2020）和科技成果转化（李修全等，2014）。同时，刘家树等（2011）研究发现，产学研协同创新主体的链接不仅能促进知识产出，而且对科技成果转化也有明显的促进效果。然而，由于科技成果转化的收益权和处置权等制度体系不完善，而成为抑制科技人员创造性和积极性的重要因素，这就需要从科技体制改革着手，建立完善的、长期的科技人员激励机制，强化大学和科研院所的创新源头供给（辜胜阻等，2018），逐渐形成创新链完整的闭环循环系统。

基于上述产学研协同创新对区域经济与科技协调发展的驱动机制和运行机制，为了更清楚地展示它们的作用关系，绘制如图 3.1 所示的作用机制示意图。

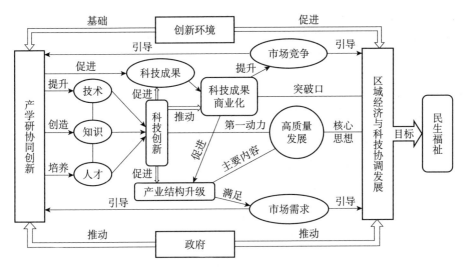

图 3.1　产学研协同创新对区域经济与科技协调发展的作用机制

3.3　产学研协同创新对区域经济与科技协调发展的影响假设

3.3.1　产学研协同创新的构成

产学研协同创新以企业、高校、科研院所为创新主体，融入多种创新要素。从复杂系统视角来看，产学研协同创新系统属于多主体、多要素、多流程的复杂系统。学者们在对产学研协同创新系统进行测量分析时，多将其划分为不同的子系统，刘友金等（2017）将产学研协同创新系统分为企业、高校、科研院所和交互四个子系统，从科研投入与产出两个方面共构建了 19 个评价指标；蒋伏心等（2015）把产学研协同创新系统分为产业部门子系统、高校子系统和研究机构子系统三个，通过 7 个评价指标对其进行测量；盛彦文和马延吉（2017）将产学研协同创新系统分为企业子系统、高校子系统和科研机构子系统，从创新活动过程和创新投入及产出三个方面选取 30 个评价指标构成了复杂系统的评价指标体系。

从现有研究关于产学研协同创新系统的子系统划分方法来看，以创新主体和交互关系为切入点进行划分的研究比较多。此外，就创新主体承担的功能和创新的过程而言，不同创新主体在创新不同阶段的主导地位也会有所变化：在创新的技术开发等基础阶段，由高校和科研院所主导；在创新成果的应用和商业化阶段，则由企业主导（徐莉等，2012）。各创新主体于协同过程中在各司其职，维持原有职能的同时，还要进行资金、人力、技术等创新要素的流动以实现交互协作，使知识在"创造—流动—转化"过程中增值。可见，高校和科研院所在产学研协同创新过程中扮演着相同的角色，还都担负着科学研究和人才培养的重要职能，拥有相同禀赋的资源（如高精尖设备仪器），是新知识、新发明的创新源头（陈劲等，2012），且参与产学研协同创新的动机和目标具有高度一致性（杨晓娜等，2020），并且许多从区域层面或复杂系统理论视角开展产学研协同创新研究的成果（叶伟巍等，2014；严红等，2020）也是将高校与科研院所视为性质相同的主体开展讨论的。基于此，本章把高校和科研机构也视为同一性质主体，并把产学研协同创新系统划分为企业子系统、科学研究子系统（包含高校和科研院所）和交互子系统三个，其相互关系如图 3.2 所示。

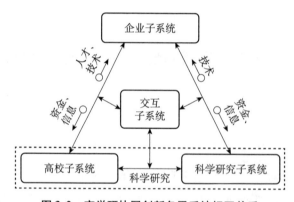

图 3.2　产学研协同创新各子系统相互关系

企业子系统、科学研究子系统保持了创新主体自身职能的特点，有各自的投入和产出要求；交互子系统是企业和学研机构（高校和科研院所的统称）交互的表现形式，也是产学研协同创新系统的核心和本质所在，体现了知识的创造、流动和转化。因此，本章将从投入产出视角分析企业子系统和科学研究子系统，从知识的交互关系角度剖析交互子系统。

（1）企业子系统。企业子系统作为产学研协同创新系统的重要组成部分，是产业链和创新链的活动末梢，是对接上游科学研究子系统的科研成果能否转化进入市场产生经济效益和社会效益的关键。企业子系统负责从市场中获取和捕捉市场信息，并将此信息准确有效地传递给科学研究子系统以获得技术研发支持，为企业提供可持续发展的竞争能力，其主要目标是实现自身的经济效益，然后是社会效益。

（2）科学研究子系统。科学研究子系统主要是由高校和科研院所两个创新主体构成的，是产学研协同创新系统中知识创造的源头，从企业子系统中获取研发资金和市场信息，为技术研发提供指导方向。同时根据高校和科研院所的属性，它们还承担着人才培养的重要职能，为企业、社会提供源源不断的人才，人才又作为一些技术和隐性知识的载体，促使知识有效流动，最终将高校和科研院所创造的新知识、新技术、新服务等转化为经济效益和社会效益。也就是说，科学研究子系统的首要目标是实现社会效益，经济效益是辅助效益。

（3）交互子系统。在产学研协同创新系统中，企业、高校和科研院所创新主体的社会职能不同，参与协同创新的动机和目标也不尽相同，但由于企业子系统拥有资金和市场信息的优势，而科学研究子系统拥有知识和技术优势，为了弥补资源劣势，实现资源优势互补，最终为实现各自目标而实现知识、技术、资金和信息的交换，形成交互子系统。

3.3.2　区域经济与科技协调发展的构成

根据本书第 2 章关于区域经济与科技协调发展内涵的介绍可以看出，区域经济增长与科技进步的协调发展，在内容上是把科技进步作为促进经济增长的手段，同时经济增长又是科技进步实现的目标，这也是常见的手段目的论。从系统论而言，经济增长与科技进步是一个大系统，经济增长系统和科技进步系统是这一大系统的两个子系统。大系统的目标是实现科技、经济的持续、健康、快速发展，这一目标的实现需要依赖其子系统结构优化且功能合理，这就是所谓的对立统一论。基于区域创新系统理论，现有文献主要是采用经济与科技对立统一论的观点（张振华等，2020）。本书的研究内容都是基于复合系统理论，因此，也采用对立统一论的观点，把经济增长和科技进步视为一个复合大系统，经济增长系统和科技进步系统是这个复合大系统的两个子系统。鉴于区域经济增长和区域科技进步的研究文献已经非常多，且将在第 5 章详细介绍，在此不做更多解释。

3.3.3　产学研协同创新对区域经济增长的影响

产学研协同创新的本质就是增加知识的流动频率实现知识的价值增值（陈劲

等，2012），再经过企业实现科技成果商业化，从而推动区域经济增长。科技成果商业化能促进区域经济增长，这一结论也被彭纪生等（2008）的研究证实。韩其恒等（2016）基于资源重新配置视角从动力和机制两方面解构了中国经济增长的短期和长期发展发现，金融约束是影响短期经济增长的主要因素，而基础能力是影响长期经济增长的因素。这里的创新驱动便是指国家提出实施的产学研协同创新范式。产学研协同创新作为一种新的科技创新范式（陈劲等，2012），实现科技成果商业化是产学研协同创新过程的重要目标，它不仅直接正向影响经济增长，还能够正向调节产学研结构升级对经济增长的消极影响（李翔等，2019）。徐盈之和金乃丽（2010）通过产学研合作中的资金支持发现地理邻近的溢出效应也能够拉动区域经济增长。以上研究成果属于产学研协同创新的外在形式或外在环境对区域经济增长的影响研究。布林布尔和多纳（Brimble & Doner，2007）研究发现，在国际贸易自由化和市场竞争压力面前，经济发展受产学研联系程度的严重影响。产学研联系程度也直接影响信息共享质量，而信息共享又是产生经济活动并推动经济增长的重要途径（Sweeney，1996）。亨乃尔（Hanel，2006）基于企业与学研机构的交流频率促进知识流动的研究发现，产学研协同创新有助于提高企业创新绩效，马尔霍特拉（Malhotra，2019）的案例研究正好验证了跨部门的学习对知识发展和传播的重要作用，这种知识传播产生溢出效应正是实现经济发展的内在动力。这进一步验证了产学研协同创新过程中信息共享的重要性。这些研究都是从分析产学研协同创新的内在机理入手来发现其对经济增长的促进作用。基于此，本章提出如下假设。

H3-1a：产学研协同创新对区域经济增长有显著正向影响。

H3-1b：企业子系统对经济增长的影响大于科学研究子系统和交互子系统对经济增长的影响。

3.3.4 产学研协同创新对区域科技进步的影响

知识经济时代科学技术迅猛发展，科技人才作为推动科技进步的中坚力量，是提升国家科技竞争实力的重要战略资源。刘璇和张向前（2015）认为，科技人才通过科技创新及扩散对经济增长产生积极影响，并为科技和经济发展积累创新知识，提高区域知识储备。刘智勇等（2018）以东中西三大地区的人力资本存量及其结构特点进行实证分析发现，高级化的人力资本结构更容易促进区域经济增长，进而推动区域科技创新。从以上分析不难看出，创新能力的提升需要人力资本做依托而发挥作用，进而对科技进步起到推动作用。然而，我国的科技人才存在储备严重不足、人才结构与产业结构人才需求失衡且不匹配等现象（刘璇等，2015）。产学研协同创新为学研机构的人才培养提供了更好的平台，逐渐成为提升科技创新能力实现科技进步的必要途径和关键。解学梅和刘丝雨（2015）在对中小企业协同创新模式的研究中发现，专利合作模式与企业创新绩效及产学研同创新中协同效应均有正相关关系。唐恒等（2011）的研究发现，专利与科技进步有着很大的关联性。

基于此，本章提出如下假设。

H3 - 2a：产学研协同创新对区域科技进步有显著正向影响。

H3 - 2b：科学研究子系统对区域科技进步的影响作用大于企业子系统和交互子系统对其的影响。

3.3.5　产学研协同创新对区域经济与科技协调发展的影响

产学研协同创新是促进区域经济增长与科技进步协调发展的一条有效途径，也是实现科技与经济融合的重要突破口。然而，迄今为止，研究产学研协同创新对区域经济与科技协调发展影响的文献还非常少。从企业视角来看，企业是产学研协同创新的核心主体，紧密连接市场前端。产学研协同创新的成果商品化正是通过企业与市场对接，为市场提供需求产品，同时实现产学研协同创新的资金回流为下一阶段的产学研协同创新项目提供资金支持。原长弘和张树满（2019）基于企业自主创新能力构建了企业占据主体地位的产学研协同创新体系，揭示了产学研协同创新提升区域创新绩效的内在机理；王钰莹等（2019）的研究结果表明，企业主导的产学研协同创新通过企业自身的吸收能力对企业创新绩效有明显的积极作用。由此可见，产学研协同创新主要通过满足企业的利益需求，触发经济增长与科技进步协调发展的动力机制，进而实现经济增长与科技进步的协调发展。

从高校/科研机构视角来看，学研机构的主要职能是科学研究和人才培养，其科学研究通过创造新知识、产生新发明为产学研协同创新的上游创新（包括基础研究、应用研究和开发）提供智力和技术支持，而人才培养职能的实现为产学研协同创新提供各类科研或技术人才，其中少数人才会补充到科学研究队伍继续为上游创新服务，而大多数人才会流向产学研协同创新的下游创新（生产和销售），从而实现产业价值增值。余文涛（2014）研究发现，无论是产学研协同创新过程的上游创新还是下游创新，均可以通过创意产业集聚实现区域创新和生产效率的提高。李柏洲和周森（2015）认为，学研机构借助产学研协同创新的上游创新，通过技术转移和有效扩散在市场绩效（包括企业新产品绩效和区域创新绩效）的提升中发挥了重要的中介作用。如此一来，学研机构触发经济增长与科技进步协调发展机制的动力机制，进而促进市场机制的作用发挥，实现经济增长与科技进步的协调发展。

从政府视角来看，政府通过政策制定掌握区域发展动向，创新政策的制定和发布即是引领企业和学研机构实施联盟形成产学研协同创新体系的重要举措，它具有典型的双重性：促进经济增长和促进科技进步（彭纪生等，2008）。田志龙等（2019）的研究验证了政府创新政策对企业增加创新投入、实现区域产业发展的正向引导作用。中央政府在 2005 年发布的《国家中长期科学和技术发展规划纲要》中提出以企业为主体的产学研联合攻关技术创新体系，2012 年发布的《教育部 财政部关于实施高等学校创新能力提升计划的意见》（以下简称 2011 计划）中明确说明产学研紧密结合且大力推动协同创新。这一系列的政府举措为产学研协同创新提供了政策导向和保障，同时各级政府为了保障产学研协同创新的高质量实施，也纷纷制定和完善相应配套条文和法律法规，如完善知识产权保护、高层次人才引进等，从而实现跨区域、跨部门的创新要素的自由流动和资源的有效配置，并通过空间溢出效应实现区域的产业升级（孙大明等，2019）。除了以上角色，政府在区域协调发展中充当着协同创新项目的组织者甚至是承担者的角色，为企业免去市场资源或创新信心不足的忧虑。基于以上分析，政府在政策制定和方向引导方面促进经济增长与科技进步的协调发展，能够触发协调发展的政策机制，并为之提供政策保障，有助于企业和学研机构驱动机制与运行机制的效用发挥。基于此，本章提出如下假设。

H3-3a：产学研协同创新对区域经济与科技协调发展有显著正向影响。

H3-3b：交互子系统对区域经济与科技协调发展的正向影响大于科学研究

子系统和企业子系统。

综上所述，构建产学研协同创新对区域经济与科技协调发展的概念模型，如图 3.3 所示。

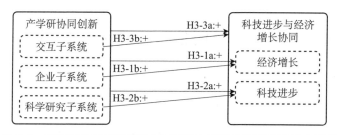

图 3.3　产学研协同创新影响区域经济与科技协调发展的概念模型

3.4　本章小结

本章从市场引导、政府引导和目标导向机制详细分析了产学研协同创新对区域经济与科技协调发展的驱动机制，并从要素流动、产业结构升级和科技成果转化三个方面分析了它们的运行机制，最后分别提出产学研协同创新对区域经济增长、科技进步及其协调发展的影响假设，并构建了它们的概念模型。

第4章　产学研协同创新的综合测评

第3章对产学研协同创新对区域经济与科技协调发展的作用机制进行了详细的理论分析，但现有文献关于产学研协同创新（前因变量）、区域经济与科技协调发展（后果变量）的测评目前并未达成一致，尤其是在经济发展新常态下，需要结合发展阶段对其开展进一步的研究和探讨，这也是后面实证分析的基础，是本书的研究重点之一。因此，本书将分两个章节分别对产学研协同创新（第4章）和区域经济与科技协调发展（第5章）的测评进行深入分析，本章将主要对产学研协同创新的测评进行详细分析。

4.1　产学研协同创新测评体系的构建

4.1.1　构建原则和方法

产学研协同创新作为一种复合系统，目标是通过资源的合理配置和有效利用实现区域科技进步和经济增长，为了实现这一目标，需要复合系统内的各子系统协调、合作。然而，如何判断各子系统的发展状态以及相互协调程度，就需要借助一套可以量化的测评体系和测评模型。此外，产学研协同创新作为本书唯一的前因变量，其测评体系构建不仅关系到相关单位掌握自身的产学研协同创新状态和水平，还直接关系到本书对三个后果变量（区域经济增长、科技进步和经济与科技协调发展）的探索和研究。因此，构建一套科学、合理、有效、可操作性强的产学研协同创新测评体系既是本书的重中之重，也是关键之举。

产学研协同创新系统的复杂性和多目标性决定了其测评体系的复杂性。一套规范的、科学的测评体系，在指标设计和体系构建中应该遵循某些原则，其中

SMART 原则（鲍玉昆等，2003）是基本原则，即确定性原则（specific）、可衡量性原则（measurable）、可实现性原则（attainable）、现实性原则（realistic）和时效性原则（time-bound）。除此以外，根据产学研协同创新特点，还应遵循系统性、完备性、代表性、可操作性和指向性原则。结合构建原则，本章将采用以下构建方法进行体系构建。

（1）测评体系构建的基本流程。测评体系的构建流程一般包含"初步设计—初步筛选—定量筛选—有效性检验—最终确定"五个阶段。每个阶段的操作依据、实现目标环环紧扣，其具体内容如图 4.1 所示。

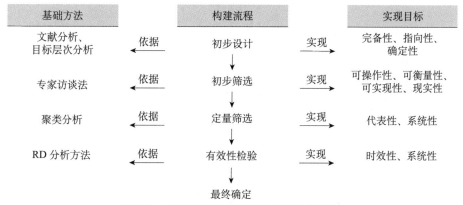

图 4.1 产学研协同创新测评体系构建流程

资料来源：笔者参考彭张林等[1]研究进行绘制。

（2）数据标准化。初始测评指标中不同指标量纲不同，需在筛选前先对初始指标的数据进行标准化。本章采用离差标准化法（也称 min‑max 标准化），其具体方法如下：

$$\widetilde{X}_{ij} = \begin{cases} \dfrac{x_{ij} - \min\limits_{1 \leqslant j \leqslant n}(x_{ij})}{\max\limits_{1 \leqslant j \leqslant n}(x_{ij}) - \min\limits_{1 \leqslant j \leqslant n}(x_{ij})}, & \text{当} x_{ij} \text{为正向指标时} \\[4mm] \dfrac{\max\limits_{1 \leqslant j \leqslant n}(x_{ij}) - x_{ij}}{\max\limits_{1 \leqslant j \leqslant n}(x_{ij}) - \min\limits_{1 \leqslant j \leqslant n}(x_{ij})}, & \text{当} x_{ij} \text{为负向指标时} \end{cases} \quad (4.1)$$

其中，x_{ij} 为第 j 个评价对象第 i 个指标的原始值，$\widetilde{X}_{ij}$ 为 x_{ij} 标准化后的值。

———————————

① 彭张林，张爱萍，王素凤，等. 综合评价指标体系的设计原则与构建流程 [J]. 科研管理，2017（S1）：217 – 223.

（3）鉴别力分析。鉴别力是表征测评指标区分评价对象差异特征的能力。当某个指标对被评价对象表现出一致性得分时（均较高或较低），说明这个指标具有很差的鉴别力，即鉴别力很差；反之，表明该指标有很好的鉴别力，即鉴别力很强。为了使鉴别力更易操作，人们普遍用变异系数判断各测评指标的鉴别力（范柏乃等，2002）。

变异系数计算过程如下：

$$CV_i = \frac{\sqrt{\dfrac{1}{n-1} \sum (X_i - \overline{X})^2}}{\dfrac{1}{n} \sum X_i} \qquad (4.2)$$

其中，X_i 为第 i 个样本值，CV_i 为第 i 个指标的变异数，$\overline{X}$ 为平均值，n 为样本数。

（4）指标聚类分析。在建立初始指标时，需要对指标进行类别和数量的选取，把反映同类信息的指标归为一类，并保留信息量大的指标。本章通过 R 聚类分析方法对初始指标进行筛选和聚类。

聚类分析的分类可以人为设定，但主观性和随意性较强，为避免此类现象发生，用非参数 K－W 检验方法对聚类数目的合理性进行判断，其具体方法是：用 K－W 检验聚类后的各个指标，若显著性水平高于 0.05，表示此类指标间无显著差异，接受原假设，聚类数目合理；反之，拒绝原假设，聚类数目不合理。

（5）指标体系冗余度（redundancy degree，RD）分析。指标体系冗余度是衡量该指标体系的独立性强弱和冗余状况的指标。为提高欧自强（1993）提出的广义方差 | R^P | 的实用性，付允和刘怡君（2009）提出平均相关系数法，该方法更适合复杂系统，且能更充分利用已有信息，也是本章采用的方法，其计算过程为：

$$RD = \frac{\sum_{i=1}^{n_p} \sum_{j=1}^{n_p} |r_{ij}| - n_p}{n_p^2 - n_p} \qquad (4.3)$$

其中，n_p 为评价指标个数，R^P 为指标体系 X^P 的相关系数矩阵，为：

$$R^P = \begin{bmatrix} 1 & r_{12} & r_{13} & \cdots & r_{1,n_p} \\ r_{21} & 1 & r_{23} & \cdots & r_{2,n_p} \\ \cdots & \cdots & \cdots & \cdots & \cdots \\ r_{n_p,1} & r_{n_p,2} & r_{n_p,3} & \cdots & 1 \end{bmatrix}$$

由式（4.3）可以看出，$RD \in [0, 1]$，RD 值越接近 0，表示冗余信息越少。当 RD 小于 0.5 时，即表示指标体系的冗余度在可接受范围。

本章将根据以上原则和方法构建产学研协同创新系统的测评指标体系。

4.1.2　指标筛选与优化

4.1.2.1　企业子系统指标

企业作为市场经济体制中最为活跃的主体，是市场与技术的交汇点，为了保持或提高自身的竞争优势，需投入大量的研发资金进行科技创新。由企业主导的产学研协同创新会因为融资问题对协同创新效果产生不利影响，而政府对企业的资助或补贴则能在一定程度上缓解这种影响（张秀峰等，2019）。此外，李鹏等（2019）研究发现，企业研究与试验发展（R&D）投入通过产学研协同创新对创新科技绩效和经济绩效均有积极影响，且对前者的影响高于对后者的影响；本桥和云（Motohashi & Yun，2007）的研究发现，政府对企业的资助有助于企业搜寻外部资源，寻找创新合作伙伴。克劳森（Clausen，2009）通过对挪威企业调研，发现政府资助会引发企业研发资金的投入，阿尔穆斯和查涅基（Almus & Czarnitzki，2003）也得出相同的结论。然而，政府对企业的低资助率会使得该资助得不到有效发挥（廖信林等，2013），因而在企业子系统投入中增加了政府资助指标。企业的研发投入越多，表明企业的创新意识越强，带来的长期收益越明显。例如，华为自 2008 年以来对研发投入逐年上涨，到 2019 年，近几年投入已占销售收入的 15%[①]，使其在激烈的市场竞争中独占鳌头，极大地增强了它的可持续竞争能力。企业的科研机构数量反映了该创新主体对科学研究的重视程度，同时也增加了区域内产学研协同创新的概率，因此，本章选用企业投入的资金、人员、政府资助、科研机构数作为企业子系统的投入指标。

企业子系统的产出指标经常用专利数和新产品销售收入进行表征，专利在一定程度上反映了企业的创造性，专利申请量反映了企业参与创新的积极性，也是企业创新的阶段性成果；企业拥有的授权专利量反映了专利的质量以及产业运用价值，是得到政府认可的凭证，更说明了企业拥有的技术实力（张杰等，2016）。

---

① 吴芸芸，封红旗. 华为 R&D 对我国企业经营与管理的启示研究［J］. 中国市场，2019（5）：88 - 90.

新产品销售收入反映了企业新技术与市场的对接能力（李想等，2019），经常被用来衡量企业创新效果（谢子远等，2015）。

4.1.2.2　科学研究子系统指标

传统知识管理中，高校和科研院所由于拥有大量相同的社会资源而极少合作，但随着知识环境和知识经济的发展，双方合作的意愿和必要性逐渐加强，形成了新的知识创新体系，这种强强联合不仅能实现资源和能力互补，降低研发风险获得规模经济，还可以实现知识共享，提高资源利用率，其协同模式带来的效益远大于非合作状态（吴荣斌等，2012），如伦敦知识网络（London Knowledge Network，LKN）、英国国家医疗服务（UK National Health Service，NHS）以及巴克曼（Buckman）实验室。在知识经济背景下，没有组织能占有全部的资源，即使高校和科研院所拥有大量相同的资源，侧重基础研究，是新知识和新技术的创新源，但最终都将附着在某种载体之上，即科技论文、著作、专利和课题等；毫无疑问，这些创新成果的产出都是以人力、资金和仪器为前提，也就是学研机构的投入；面对产学研协同创新活动，学研机构参与产学研协同创新虽然是希望从企业得到资金的支持，但其合作意愿更多是受政府政策的影响，而企业的合作意愿主要来自市场行为（吴洁等，2019），因此，在学研机构中并未单独列出政府资助。此外，学研机构可以通过技术交易积累经验，加强与企业的联系，从而进一步扩大交易成果（胡振荣，1992），因此，本章在科学研究子系统中纳入了对外开放程度，并用技术合同数和交易金额来表征。

4.1.2.3　交互子系统指标

基于不同的私有目标和共同的社会目标，企业在获取市场信息、资源整合和技术产业化方面占据优势（王进富等，2013），高校和科研院所在创造新知识、新技术方面具有独到优势，此外，高校更是人才培养的发源地。交互子系统是企业、高校和科研院所通过某种行为围绕科技创新提升而建立创新要素（人才、技术、资金、资源）的互动联系、产生交互效应的系统，是产学研协同创新的核心，交互的作用体现在资金相互支持、科技成果（如专利）的合作等。威尔什·R（Welsh R.，2008）、吴俊等（2016）研究发现借助产学研协同创新实现外部资源的利用或交互效应能改善企业创新绩效。产学研协同创新是基于资源的互补，市场信息、技术商品化、资金是企业的优势，也是学研机构与企业合作的主要动机，因此，企业对学研机构的资金投入越多，越有利于协同创新的发生，越有利于学研机构的知识创造，形成创新成果（如专利）。这些创新成果由企业进行商品化，不仅为企业带来创新收益，也实现其社会价值。因此，本章用企业在学研机构的资金投入表征交互系统的投入，用产学研的联合专利授权量表征交互系统的产出。

通过章节 4.1 对企业子系统、科学研究子系统和交互子系统的分析，结合现有研究中产学研协同创新的评价指标体系中出现的高频指标，初步构建本章的产学研协同创新评价指标体系，如表 4.1 所示。

表 4.1　　　　　　　　　　产学研协同创新测评指标的初步设计

子系统	序参量	编号	二级指标	单位
企业子系统	投入	C_{101}	R&D 经费内部支出（－）	万元
		C_{102}	R&D 经费内部支出中政府资金占比（＋）	%
		C_{103}	R&D 人员全时当量（＋）	人年
		C_{104}	区域内高技术产业企业科研机构数（＋）	个
	产出	C_{105}	专利申请数（＋）	项
		C_{106}	拥有发明专利数（＋）	项
		C_{107}	高技术产业新产品销售收入（＋）	万元
科学研究子系统	投入	C_{201}	R&D 人员全时当量（＋）	人年
		C_{202}	R&D 经费内部支出（－）	万元
		C_{203}	基础研究占 R&D 经费比例（＋）	%
		C_{204}	年投入仪器设备等资产购置费用（－）	千元
	产出	C_{205}	科技著作（＋）	部
		C_{206}	发表科技论文数（＋）	篇
		C_{207}	项目课题数（＋）	项
		C_{208}	专利申请量（＋）	项
		C_{209}	发明专利授权量（＋）	项
	对外开放程度	C_{210}	技术合同份数（＋）	项
		C_{211}	技术合同交易额（＋）	千元
交互子系统	交互投入	C_{301}	高校和科研院所科技活动资金中企业资金（＋）	万元
	交互产出	C_{302}	产学研三方或两方联合专利授权量（＋）	项

注：（＋）表示该指标是正向指标，（－）表示该指标是负向指标。

4.1.2.4　指标优化

初始测评指标虽然是在理论基础和现有研究的基础上形成的，但也可能存在个别指标的鉴别力、有效性问题，需要对初始指标进行辨别、筛选。因此，本章采用比较常用的变异系数法和指标体系冗余度分析对初始测评指标进行优化分析。指标优化分析时采用的样本数据的是 2012 年 29 个省份的数据。之所以选择 2012 年，是考虑到 2011 年国家出台了"2011 计划"，该计划从 2012 年正式开始实施，因此，在产学研协同创新的指标筛选和优化时，2012 年的数据相对其他年份更具有代表性。

将样本数据根据式（4.1）进行标准化处理，再进行变异系数、聚类分析和冗余度计算。变异系数越大，说明指标鉴别力越强；冗余度越小，说明指标间的相关性越低。

根据式（4.2）计算各指标的变异系数，结果如表 4.2 所示。

表 4.2 各测评指标的变异系数

指标编号	变异系数	指标编号	变异系数	指标编号	变异系数	指标编号	变异系数
C_{101}	0.3499	C_{106}	0.3330	C_{204}	0.5676	C_{209}	0.3547
C_{102}	0.7673	C_{107}	0.4678	C_{205}	0.3343	C_{210}	0.5891
C_{103}	0.4799	C_{201}	0.4730	C_{206}	0.1211	C_{211}	0.7968
C_{104}	0.3934	C_{202}	0.2811	C_{207}	0.1562	C_{301}	0.3073
C_{105}	0.3645	C_{203}	0.4378	C_{208}	0.4181	C_{302}	0.4328

结合邹燕（2012）的观点，将变异系数阈值设为 0.3，变异系数越大，鉴别力越强。根据表 4.2 所示，C_{202}、C_{206}、C_{207} 三个指标的变异系数低于阈值 0.3，应予以剔除，其他指标的变异系数均大于 0.3，说明指标间具有较强的鉴别力。然而，C_{202} 表示科学研究子系统的研发投入，是该子系统的重要投入指标，再结合唐（Tang, 2018）的观点（阈值大于 0.2 也可以被接受）和邹燕（2012）的做法，将变异系数在 0.3 附近的指标依然列入评价体系中，以保证基本投入的全面性。因此，C_{202} 予以保留，C_{206}、C_{207} 两个指标被剔除。

根据式（4.3），对剔除 C_{206}、C_{207} 后的 18 个指标进行冗余度计算，计算结果为 0.222。根据本章 4.1.1（5）的分析，小于临界值 0.5，说明这 18 个指标是低相关的。

再利用 SPSS22.0 软件采用非参数 K−W 检验方法进行聚类数目合理性分析。检验结果表明，各指标显著水平最低为 0.080，最高为 0.955，均大于 0.05，说明聚类数目是合理的。

综合变异系数法、聚类分析和冗余度分析，被保留的 18 个指标构成正式的产学研协同创新测评指标体系，并对各指标重新编号，如表 4.3 所示。

表 4.3　　　　　　　　　优化后的产学研协同创新测评指标体系

子系统	序参量	权重	编号	二级指标	权重		单位
					相对序参量的权重	相对子系统的权重	
企业子系统	投入	0.5	X_{101}	R&D 经费内部支出（－）	0.18	0.090	万元
			X_{102}	R&D 经费内部支出中政府资金占比（＋）	0.41	0.205	%
			X_{103}	R&D 人员折合全时当量（－）	0.25	0.125	人年
			X_{104}	区域内高技术产业企业科研机构数（＋）	0.16	0.080	个
	产出	0.5	X_{105}	专利申请数（＋）	0.31	0.155	项
			X_{106}	拥有发明专利数（＋）	0.29	0.145	项
			X_{107}	高技术产业新产品销售收入（＋）	0.40	0.200	万元
科学研究子系统	投入	0.4	X_{201}	R&D 人员全时当量（－）	0.27	0.108	人年
			X_{202}	R&D 经费内部支出（－）	0.16	0.064	万元
			X_{203}	基础研究占 R&D 经费比例（＋）	0.23	0.092	%
			X_{204}	年投入仪器设备等资产购置费用（－）	0.34	0.136	千元
	产出	0.4	X_{205}	科技著作（＋）	0.28	0.112	部
			X_{206}	专利申请量（＋）	0.37	0.148	项
			X_{207}	发明专利授权量（＋）	0.35	0.140	项
	对外开放程度	0.2	X_{208}	技术合同份数（＋）	0.44	0.088	项
			X_{209}	技术合同交易额（＋）	0.56	0.112	千元
交互子系统	交互投入	0.5	X_{301}	高校和科研院所科技活动资金中企业资金（＋）	1	0.500	万元
	交互产出	0.5	X_{302}	产学研三方或两方联合专利授权量（＋）	1	0.500	项

注：（＋）表示该指标是正向指标，（－）表示该指标是负向指标。

4.2　产学研协同创新测评模型

4.2.1　数据来源

本章的样本考察期是 2001～2017 年，样本是我国 29 个省份（不含港澳台，西藏、青海由于数据缺失较多，也不包含在内）。根据胡雯和陈强（2018）关于产学研生命周期的研究，认为产学研合作是产学研协同的前期阶段，本章采纳这一观点，考察起始期范围扩展至 20 世纪 90 年代我国产学研的初始阶段。之所以确定在 2001 年，是基于以下考虑：第一，虽然我国在 1992 年开启了产学研的研究，但成果非常之少，根据前面的内容和方刚等（2016）的研究，1996 年协同创新开始缓慢发展，协同创新成果逐渐显露；第二，2001 年是我国加入世界贸易组织的时间，意味着我国更加开放，是促进经济发展和社会福利的新阶段。考察结束期确定为 2017 年，是考虑到交互子系统中"产学研联合专利"数据的可获得性，该指标的原始数据是以公开专利的申请日数据进行统计。根据检索往年数据发现，国家知识产权局官网的数据公开时间一般会滞后 2～3 年，且这 2～3 年在当年申请总量中占很大的比例，如申请日属于 2011 年的产学研联合专利，一般在 2013 年和 2014 年大量地公开或者可检索到。

企业子系统数据主要选用高技术产业的数据，主要考虑到高技术产业的知识、技术密集型特点，更能凸显产学研协同创新的技术创新特征（卞元超等，2015）。其原始数据来自历年《中国高技术产业统计年鉴》《中国科技统计年鉴》《中国统计年鉴》。

科学研究子系统的数据来自历年《高等学校科技统计资料汇编》《中国科技统计年鉴》以及各地区的统计年鉴和科技统计年鉴、中国统计局官方网站。

交互子系统的数据来自《高等学校科技统计资料汇编》《中国科技统计年鉴》以及国家知识产权局官网。

4.2.2 模型构建

4.2.2.1 测评模型的构建

根据章节 2.4 复合系统协同度的各类测评模型的介绍可知，复合系统协同度模型和耦合（协调）度模型都有广泛的应用，且似乎都能用在本章的分析中，而且复合系统协同度模型又可以继续细分。现有研究在构建协同度模型时仅从宏观、微观进行适用性分析，并未发现对同一研究对象的不同协同度模型做过对比分析的例子，这显然缺少说服力。

在运用耦合协同度模型计算时，采用范厚明等（2015）的做法：式（2.8）

中 $f_j(e_j)$ 取各子系统的有序度；再根据田增瑞等（2019）和于世海（2018）的观点：各子系统对总系统的重要程度相同，故本章产学研协同创新系统三个子系统的权系数均为 1/3。因此，C 和 T 的计算公式如下：

$$C = 3 \times \sqrt[3]{\frac{\mu_1(e_1) \times \mu_2(e_2) \times \mu_3(e_3)}{\left[\mu_1(e_1) + \mu_2(e_2)\right]^2 \left[\mu_1(e_1) + \mu_3(e_3)\right]^2 \left[\mu_2(e_2) + \mu_3(e_3)\right]^2}}$$

$$(4.4)$$

$$T = \frac{1}{3}\mu_1(e_1) + \frac{1}{3}\mu_2(e_2) + \frac{1}{3}\mu_3(e_3) \tag{4.5}$$

把式（4.4）和式（4.5）代入式（2.7）计算耦合协同度。

4.2.2.2　权重的确定方法

指标权重反映各指标相对重要程度，直接影响评价结果，是测评体系的关键。关于权重确定方法研究已取得丰硕成果，总体上可以分为主观赋权法、客观赋权法和主客观相结合赋权法三大类，其中，应用比较广泛的有层次分析法、专家打分法、模糊综合评判法等主观赋权法，多元统计法、熵值法、神经网络法等客观赋权法。主观赋权法优点是可以根据专家经验，结合评价对象，容易做出与实际相符的判断，缺点是主观性较强；客观赋权法优点是依赖于客观数据，不受人为因素干扰，缺点是忽略了主观经验判断。为弥补彼此的不足，人们经常使用主客观相结合的方法。结合各方法自身的优缺点和产学研协同创新测评体系的特点，本章拟采用层次分析法（AHP）和熵值法相结合，但这两种方法在使用过程中存在一些缺陷，如 AHP 容易出现判断矩阵不一致现象，熵值法存在不太现实的特殊约定 $\left[假定\ r_{ij} = 0, r_{ij}\ln(r_{ij}) = 0\right]$。为了改进上述不足，本章采用改进的层次分析法和熵值法相结合。

（1）改进层次分析法。改进 AHP 利用排序指数对判断矩阵进行修正，并利用最优传递矩阵构造拟优一致矩阵，无须进行一致性检验。其计算过程如下（马旭等，2017）。

步骤 1：建立两两因素比较矩阵 A，采用 1～7 标度法，具体定义如表 4.4 所示。

$$A = (a_{jk}),\text{其中}, a_{jk} = 1/a_{kj}, j, k = 1, 2, \cdots, n$$

表 4.4 比较矩阵标度

标度	1	3	5	7	2，4，6
含义	表示两个指标同等重要	表示前者比后者稍微重要	表示前者比后者明显重要	表示前者比后者极为重要	表示相邻判断间的中间程度

步骤 2：计算重要性排序指数 e_j。

$$e = \sum_{j=1,k=1}^{n} a_{jk} \tag{4.6}$$

步骤 3：构造判断矩阵 $B = (b_{jk})$。

$$b_{jk} = \frac{|e_j - e_k|}{e_{max} - e_{min}} \left(\frac{e_{max}}{e_{min}} - 1 \right) + 1 \tag{4.7}$$

步骤 4：求传递矩阵 $C = (c_{jk})$。

$$c_{jk} = \log b_{jk} \tag{4.8}$$

步骤 5：求最优传递矩阵 $D = (d_{jk})$。

$$d_{jk} = \frac{1}{n} \sum_{v=1}^{n} (c_{jv} - c_{kv}) \tag{4.9}$$

步骤 6：求拟优一致矩阵 $B' = (b'_{jk})$。

$$bv_{jk} = 10^{d_{jk}} \tag{4.10}$$

步骤 7：求 B' 矩阵的特征向量。先计算每行元素乘积，即 $f_j = \prod_{k=1}^{n} b'_{jk}$，计算方根 β_j，使 $\beta_j = \sqrt[n]{f_j}$，对向量 $\boldsymbol{\beta} = (\beta_1, \beta_2, \cdots, \beta_n)$ 进行归一化处理，得到权重 $\mathbf{W} = (w'_j)$，其中：

$$w'_j = \frac{\beta_j}{\sum_{j=1}^{n} \beta_j} \tag{4.11}$$

该改进 AHP 通过传递矩阵求权重，避免了因一致性检验不通过而盲目调整判断矩阵，为决策者节约了时间。

（2）熵值法。传统熵值法有特殊约定，为了避免这种情况，本章结合宁宝权和陕振沛（2016）以及张天云等（2012）的研究，采用改进的熵值法，其计算过程如下。

步骤 1：指标数据同向化和标准化。根据式（4.1），将原始数据进行同向化和标准化得到矩阵 $\tilde{X} = (\tilde{x}_{ij})_{m \times n}$。

步骤 2：计算第 j 项指标下第 i 个评价对象的指标数值在所有样本指标数据

总和中所占比例。

$$P_{ij} = \tilde{x}_{ij} / \sum_{i=1}^{m} \tilde{x}_{ij}, i = 1, 2, \cdots, m; j = 1, 2, \cdots, n \qquad (4.12)$$

步骤 3：计算第 j 个指标的熵值 o_j。

$$o_j = -\frac{1}{\ln(m)} \sum_{i=1}^{m} p_{ij} \ln(p_{ij}) \qquad (4.13)$$

步骤 4：计算第 j 个指标的权重 w_j。

$$w_j = (1 - o_j) / \sum_{i=1}^{n} (1 - o_j) \qquad (4.14)$$

（3）确定综合权重。根据改进 AHP 主观赋权法和熵权客观赋权法，综合权重计算方法为：

$$\tilde{w}_i = \alpha \times w'_j + (1 - \alpha) \times w_j \qquad (4.15)$$

为平衡经验观点和客观数据的重要性，同时结合现实情况，权重系数 α 取 0.5。

根据以上权重计算方法，采用改进层次分析法和熵值法相结合确定各指标权重。改进层次分析法要求先确定各指标的两两比较矩阵，因此，以访谈的形式与本领域的专家进行面对面沟通、交流[①]，形成比较矩阵，然后根据式（4.6）～式（4.11）计算改进 AHP 的各指标权重 w'_j；根据式（4.12）～式（4.14）计算出熵值法各指标的权重 w_j；最后根据式（4.15），计算各指标的综合权重。其中，交互子系统的交互投入、交互产出分别只有一个二级指标 X_{301}、X_{302}，权重分别为 1。序参量主要是根据投入产出进行分类，其重要程度视为相同，其中科学研究子系统的对外开放程度设为 0.2。所有指标最终权重如表 4.3 所示。

4.2.3　模型对比

为了检验本章构建的区域产学研协同创新协同度测评体系（包括测评模型、测评指标体系和指标权重确定方法）的科学性和先进性，本章采用四个协同度测评模型进行横向对比分析，分别是孟庆松等（2000）的复合系统协同度模型、邓

---

① 笔者与 11 位创新管理领域的专家进行交流，这些专家大多具有副教授、教授职称，其中有 2 位是已取得博士学位且在国内顶级期刊发表过 3 篇以上创新类文章的讲师。

小朱等（2016）的指数—几何平均模型①、于世海（2018）的耦合度模型以及本章构建的耦合协同度模型。

为了选择更适合的协同度模型，选择四个有代表性的省份（北京、上海、广东和陕西）作为前期样本，分别用复合系统协同度模型、指数—几何平均模型、耦合度模型以及本章构建的协同度模型进行计算，并将计算结果与本领域有关专家进行讨论确认，选出与区域发展吻合度最高的模型作为本章产学研协同创新系统协同度的测度模型。之所以选择北京、上海、广东和陕西这四个区域来比较四种协同度测评模型的优劣，主要是基于以下两个原因：第一，这四个区域的产学研协同创新系统及其子系统的发展现状具有较强的代表性；第二，学者们对这四个区域的产学研协同创新做过较多的研究，因而对有关情况和问题有较多、较深的了解和较多的看法与想法。

鉴于以上四种模型均以各子系统的有序度为基础，本章需先计算出子系统有序度。子系统有序度的计算采用线性加权和法集成，即式（2.4），其中，在式（2.2）中，序参量分量的上下限取值为：上限取最大值的 1.5 倍，下限取最小值除以 1.5。各子系统有序度的计算结果见附录一。

用四种不同协同度模型对这四个代表性区域的产学研协同创新协同度的测评结果展示如图 4.2 所示。

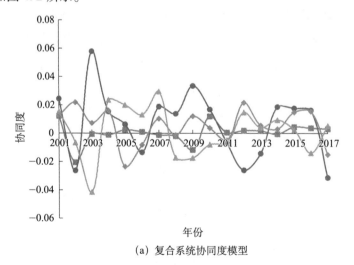

（a）复合系统协同度模型

---

① 由于原文中命名的模型与孟庆松等（2000）的复合系统协同度模型极为相似，但计算方法又有些不同，为了叙述更加方便，本书暂称其为"指数—几何平均模型"。

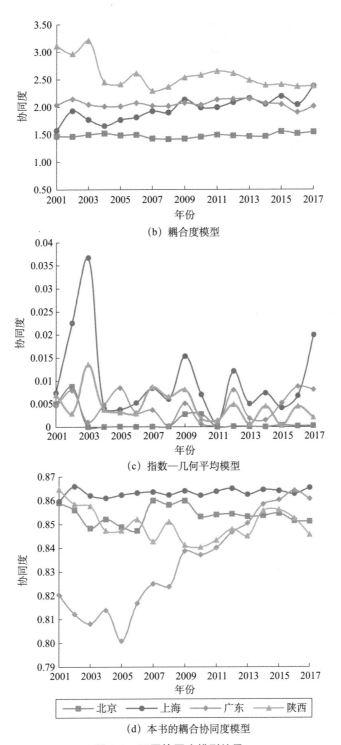

（b）耦合度模型

（c）指数—几何平均模型

| 北京 | 上海 | 广东 | 陕西 |

（d）本书的耦合协同度模型

图 4.2　不同协同度模型结果

图 4.2 显示了北京、上海、广东和陕西四个区域用四种不同协同度模型测度的产学研协同创新系统协同度结果，可以看出每个模型的结果均不一样。本章结合产学研协同创新的相关理论成果以及这四个区域的实际情况做如下对比分析，选出比较适合的模型。

在产学研协同创新系统中，企业作为创新主体对当地区域经济的带动作用高于学研机构（许长青等，2019）；产学研联系程度、区域经济环境、区域经济总量对提高区域创新能力有显著影响（吴友群等，2014；刁丽琳等，2014；魏守华等，2010），能极大促进协同创新绩效（李柏洲等，2007）。北京作为国家政治、经济、科研、文化、历史中心，其产学研联系程度非常密集，经济总量雄厚，经济环境较好；上海地区总体因素对区域创新的拉动效果比较全面，且学研机构的创新地位高于北京和广东（许长青等，2019）；广东作为沿海省份，受改革开放政策影响，成为我国行政省份的后起之秀，依靠强有力的地理优势和政策红利，其经济增长速度、经济总量直追北京、上海等地，且它的创新能力在 2017～2019 年连续三年居全国首位[①]；陕西作为历史文化古都，其学研机构综合实力比较强，但限于地理因素和企业竞争力因素，在吸引和保留人才方面相比而言不如北上广三个地区，此外，陕西虽然有丰富的科技资源总量，但这些科技资源大多专用性比较强，市场化程度比较低，对其他领域的辐射带动能力就比较弱。

综上所述，并结合图 4.2 结果，图 4.2（a）和（c）中，北京的协同度总体低于陕西的协同度，与实际有些不符，图 4.2（b）中陕西的协同度更是高于北上广三个地区，更与现实不符，而在图 4.2（d）中能非常明显地看出广东这一后起之秀的发展趋势，且上海、北京和陕西的变化曲线相对比较符合实际情况。除此以外，还将图 4.2 的结果与本领域的有关专家[②]进行讨论沟通，最终确认：在上述四个协同度模型中，本书构建的耦合协同度模型［如图 4.2（d）所示］

---

① 资料来源：《中国区域创新能力评价报告 2019》。

② 此处的专家与从前面进行层次分析法时选择的专家一致。

最适合于区域产学研协同创新系统协同度的评价。

4.3　我国产学研协同创新测评结果及分析

4.3.1　测评结果及判别标准

4.3.1.1　测评结果

根据本书构建的区域产学研协同创新系统协同度测评体系（其包括耦合协同度模型、评价指标体系和指标权重确定方法）对我国 29 个省份的产学研协同创新系统协同度进行评价，即式（2.7）、式（4.4）和式（4.5）的结合，其最终产学研协同创新系统协同度测评结果如表 4.5 所示。

4.3.1.2　判别标准

区域产学研协同创新系统的协同度，不仅反映了该系统的整体协同程度，而且反映了其各子系统内部与相互之间的协同程度。因此，可以把区域产学研协同创新系统的协同度水平划分为若干个等级，并相应地把区域产学研协同创新系统划分为若干种类型。例如，孟庆松和韩文秀（2000）根据协同度的大小将复合系统的协同程度分为正向协同和负向协同两类；刘智华等（2019）根据协同度大小将协同程度分为六个等级（六种类型）；武玉英等（2017）根据协同度水平把协同程度分为四个等级（四种类型），并且根据各子系统综合水平指数的相对大小将系统划分为不同的协同发展类型，即某个子系统相对滞后发展、某个子系统领先发展或子系统间是同步发展等。基于李克特量表的分级原则和有关文献（Ansoff，1965；苏屹，2013）的观点，并考虑到划分类别的简洁性、区分性和人们的习惯，本章根据协同度的大小将区域产学研协同创新系统的协同程度分为五个等级，并相应地将区域产学研协同创新系统划分为五种类型，即极度不协同型、比较不协同型、基本协同型、比较协同型和高度协同型。基于协同度水平划分的五种产学研协同创新系统及其基本特性如表 4.6 所示。

表 4.5　产学研协同创新系统协同度

省份	2001 年	2002 年	2003 年	2004 年	2005 年	2006 年	2007 年	2008 年	2009 年	2010 年	2011 年	2012 年	2013 年	2014 年	2015 年	2016 年	2017 年
北京	0.859	0.856	0.848	0.852	0.849	0.847	0.860	0.858	0.860	0.853	0.854	0.854	0.853	0.854	0.855	0.851	0.851
天津	0.842	0.820	0.808	0.809	0.809	0.794	0.798	0.808	0.843	0.848	0.845	0.854	0.857	0.862	0.856	0.854	0.847
河北	0.757	0.772	0.769	0.775	0.772	0.767	0.750	0.757	0.767	0.756	0.757	0.749	0.717	0.759	0.748	0.762	0.765
山西	0.678	0.676	0.728	0.742	0.692	0.690	0.673	0.710	0.764	0.764	0.759	0.766	0.751	0.751	0.766	0.720	0.716
内蒙古	0.461	0.573	0.567	0.565	0.602	0.603	0.594	0.603	0.590	0.637	0.619	0.568	0.671	0.615	0.602	0.619	0.572
辽宁	0.859	0.849	0.846	0.848	0.845	0.853	0.853	0.855	0.861	0.857	0.857	0.860	0.859	0.858	0.853	0.852	0.851
吉林	0.777	0.776	0.772	0.772	0.772	0.782	0.779	0.782	0.790	0.794	0.781	0.792	0.755	0.788	0.774	0.764	0.765
黑龙江	0.838	0.804	0.807	0.843	0.800	0.825	0.813	0.802	0.810	0.822	0.819	0.821	0.827	0.839	0.843	0.842	0.836
上海	0.860	0.866	0.862	0.861	0.862	0.863	0.864	0.862	0.864	0.862	0.864	0.865	0.863	0.864	0.864	0.863	0.865
江苏	0.866	0.865	0.864	0.859	0.859	0.862	0.863	0.863	0.865	0.864	0.864	0.864	0.863	0.863	0.864	0.862	0.860
浙江	0.864	0.862	0.860	0.860	0.854	0.859	0.856	0.856	0.857	0.857	0.857	0.859	0.857	0.857	0.860	0.859	0.857
安徽	0.824	0.796	0.791	0.796	0.791	0.795	0.770	0.794	0.797	0.783	0.776	0.802	0.812	0.810	0.815	0.812	0.808
福建	0.764	0.694	0.768	0.759	0.695	0.705	0.691	0.758	0.749	0.737	0.751	0.768	0.776	0.777	0.791	0.803	0.808
江西	0.565	0.617	0.653	0.691	0.708	0.709	0.694	0.704	0.742	0.743	0.733	0.726	0.714	0.709	0.731	0.748	0.746
山东	0.742	0.754	0.780	0.792	0.787	0.795	0.799	0.814	0.819	0.834	0.839	0.845	0.847	0.851	0.853	0.852	0.848
河南	0.698	0.696	0.774	0.760	0.687	0.712	0.747	0.766	0.789	0.790	0.785	0.784	0.782	0.785	0.807	0.812	0.800
湖北	0.859	0.854	0.856	0.853	0.844	0.847	0.852	0.856	0.859	0.861	0.859	0.860	0.862	0.863	0.863	0.862	0.862
湖南	0.824	0.805	0.819	0.826	0.810	0.811	0.822	0.828	0.833	0.835	0.835	0.846	0.842	0.833	0.841	0.834	0.830
广东	0.820	0.812	0.808	0.814	0.801	0.817	0.825	0.824	0.839	0.837	0.840	0.847	0.850	0.858	0.860	0.864	0.861

续表

省份	2001 年	2002 年	2003 年	2004 年	2005 年	2006 年	2007 年	2008 年	2009 年	2010 年	2011 年	2012 年	2013 年	2014 年	2015 年	2016 年	2017 年
广西	0.667	0.634	0.662	0.671	0.657	0.637	0.679	0.677	0.723	0.709	0.726	0.722	0.729	0.738	0.739	0.736	0.739
海南	0.196	0.270	0.274	0.278	0.244	0.274	0.301	0.400	0.440	0.524	0.325	0.370	0.486	0.435	0.511	0.478	0.532
重庆	0.770	0.757	0.770	0.778	0.765	0.804	0.792	0.786	0.818	0.715	0.821	0.827	0.828	0.823	0.829	0.833	0.828
四川	0.837	0.840	0.852	0.842	0.839	0.846	0.858	0.856	0.864	0.863	0.865	0.863	0.862	0.862	0.863	0.861	0.860
贵州	0.448	0.432	0.419	0.482	0.565	0.582	0.612	0.644	0.657	0.641	0.661	0.636	0.656	0.769	0.664	0.678	0.674
云南	0.682	0.666	0.670	0.729	0.660	0.673	0.648	0.753	0.745	0.757	0.738	0.749	0.746	0.742	0.765	0.740	0.740
陕西	0.865	0.858	0.858	0.847	0.847	0.852	0.843	0.851	0.841	0.840	0.843	0.848	0.845	0.856	0.856	0.852	0.846
甘肃	0.705	0.681	0.713	0.733	0.700	0.700	0.739	0.704	0.725	0.741	0.746	0.749	0.717	0.709	0.707	0.738	0.716
宁夏	0.274	0.485	0.332	0.324	0.352	0.375	0.393	0.308	0.312	0.321	0.406	0.479	0.401	0.362	0.414	0.439	0.427
新疆	0.582	0.460	0.568	0.480	0.459	0.460	0.425	0.520	0.524	0.540	0.552	0.536	0.616	0.615	0.574	0.576	0.550

表 4.6 产学研协同创新发展判别标准

协同度	协同等级	协同关系	五种产学研协同创新系统基本特性
0~0.40	极度不协同	$Min\{F(S_j)\} = F(S_1), j = 1,2,3$	严重失调类企业发展滞后型
		$Min\{F(S_j)\} = F(S_2), j = 1,2,3$	严重失调类学研发展滞后型
		$Min\{F(S_j)\} = F(S_3), j = 1,2,3$	严重失调类交互发展滞后型
0.40~0.60	比较不协同	$Min\{F(S_j)\} = F(S_1), j = 1,2,3$	轻度失调类企业发展滞后型
		$Min\{F(S_j)\} = F(S_2), j = 1,2,3$	轻度失调类学研发展滞后型
		$Min\{F(S_j)\} = F(S_3), j = 1,2,3$	轻度失调类交互发展滞后型
0.60~0.70	基本协同	$Max\{F(S_j)\} = F(S_1), j = 1,2,3$	基本协调发展类企业发展领先型
		$Max\{F(S_j)\} = F(S_2), j = 1,2,3$	基本协调发展类学研发展领先型
		$Max\{F(S_j)\} = F(S_3), j = 1,2,3$	基本协调发展类交互发展领先型
0.70~0.85	比较协同	$Max\{F(S_j)\} = F(S_1), j = 1,2,3$	良好协调发展类企业发展领先型
		$Max\{F(S_j)\} = F(S_2), j = 1,2,3$	良好协调发展类学研发展领先型
		$Max\{F(S_j)\} = F(S_3), j = 1,2,3$	良好协调发展类交互发展领先型
0.85~1	高度协同	$Max\{F(S_j)\} = F(S_1), j = 1,2,3$	优质协调发展类企业发展领先型
		$Max\{F(S_j)\} = F(S_2), j = 1,2,3$	优质协调发展类学研发展领先型
		$Max\{F(S_j)\} = F(S_3), j = 1,2,3$	优质协调发展类交互发展领先型

注：$F(S_1)$ 表示企业子系统有序度，$F(S_2)$ 表示科学研究子系统有序度，$F(S_3)$ 表示交互子系统有序度。

4.3.2 结果分析与讨论

4.3.2.1 结果分析

根据表 4.5 计算出考察期内各区域产学研协同创新协同度的平均水平，该平均水平反映了各区域产学研协同创新系统的协同发展状况，根据其平均水平对我国 29 个省份进行聚类分析。聚类分析采用平方欧氏距离的中位数聚类法，其结果如图 4.3 所示。

根据图 4.3 的聚类结果可以把 29 个省份分为三个类别，分别为：

第一类（24 个省份）：北京、天津、河北、山西、辽宁、吉林、黑龙江、上海、江苏、浙江、安徽、福建、江西、山东、河南、湖北、湖南、广东、广西、重庆、四川、云南、陕西、甘肃。

第二类（3 个省份）：内蒙古、贵州、新疆。

第三类（2 个省份）：海南、宁夏。

结合表 4.6 和图 4.3，可以发现：

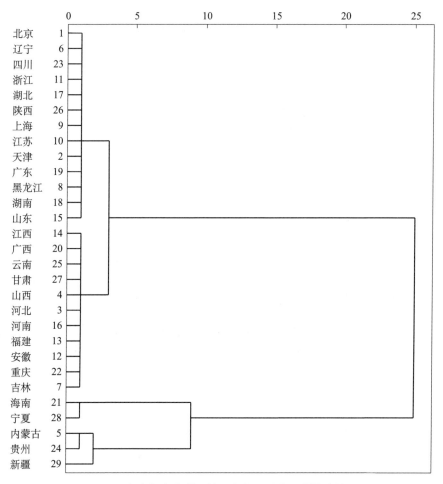

图 4.3　考察期内产学研协同创新平均水平的聚类结果

第一，我国绝大部分省份的产学研协同创新已经处于比较协同或高度协同水平，少数省份处于比较不协同或极度不协同水平，并且处于不同水平的省份表现出明显的区域特征。处于比较协同或高度协同的区域（如江苏、浙江、北京、广东、上海等），其考察期内的产学研协同创新协同度变化幅度非常平稳；而处于比较不协同或极度不协同的区域（如海南、新疆、贵州等），其考察期内的产学研协同创新协同度变化幅度较大（如图 4.4 所示①），但整体呈上升趋势。

———————

① 考虑到把 29 个省份的趋势均展现在一个图中，图形不够简洁美观，故此处仅展示不同协调水平的部分省份的产学研协同创新趋势，但完全不影响得出的结论。若有需要，可根据表 4.5 自行作图验证，抑或与笔者联系索取。

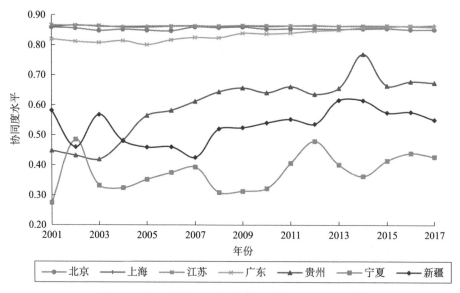

图4.4 部分区域的产学研协同创新协同度发展趋势

第二，具有不同产学研协同创新发展水平的区域，其领先类型不同。在此依然以北京、上海、广东和陕西四个区域为例①，分析不同区域产学研协同创新系统的发展类型，其具体结果如图4.5所示。

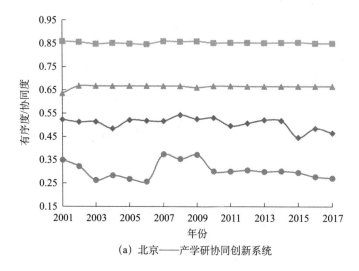

(a) 北京——产学研协同创新系统

① 在此仍以北京、上海、广东和陕西四个省份为例并对其进行详细分析，主要是为分析其他省份提供一种思路或者方法，但由此得出的结论还是具有普适性的。

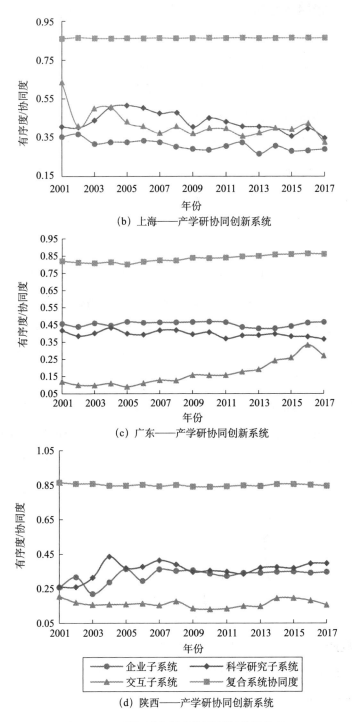

(b) 上海——产学研协同创新系统

(c) 广东——产学研协同创新系统

企业子系统　科学研究子系统
交互子系统　复合系统协同度

(d) 陕西——产学研协同创新系统

图 4.5　不同区域产学研协同创新发展情况

由表4.6和图4.5可知：

北京的产学研协同创新情况。北京产学研协同创新系统基本协同度在 0.847~0.860 范围内，基本处于高度协同状态，且属于交互系统领先发展类型。三个子系统的发展水平等级鲜明，其中交互子系统的有序度最高，说明北京的企业与科学研究机构的交互程度比较高；而科学研究子系统有序度高于企业子系统有序度，说明北京的科学研究水平高于企业的发展水平。

上海的产学研协同创新情况。上海产学研协同创新系统协同度在 0.860~0.866 范围内，属于高度协同，基本属于科学研究领先发展类型，但三个子系统的发展水平等级相当，说明上海产学研协同创新系统的三个子系统发展相对均衡。

广东的产学研协同创新情况。广东产学研协同创新系统协同度最小值为 0.801，最大值为 0.864，2001~2012 年处于比较协同状态，2013~2017 年处于高度协同状态，在考察期内，属于企业子系统领先发展类型。自 2005 年起，广东的交互子系统有序度呈指数形式增长，其产学研协同创新协同度也从 2005 年稳步提升。

陕西的产学研协同创新情况。陕西产学研协同创新系统协同度在 2010 年最低为 0.840，2001 年最高为 0.865，观察期内基本是在小幅度的波动状态，整体上至少处于比较协同的水平，且属于科学研究领先发展类型。陕西的企业子系统有序度略低于科学研究子系统，但其交互子系统有序度非常低，也就是说，陕西企业和科学研究主体的交互程度很低。

第三，区域产学研协同创新系统的协同度与交互子系统的协同度（有序度）有更为显著的正相关关系。从北京和上海的产学研协同创新系统协同度的演化情况［如图4.5（a）和（b）所示］可以看出，交互系统有序度越高，区域产学研协同程度也越高。由图4.5（c）和（d）还可以看出，广东产学研协同创新系统的协同度随着其交互子系统有序度的增加而增加；相反，由于交互子系统的有序度偏低，陕西产学研协同创新系统协同度的提高就比较困难和缓慢。

4.3.2.2　结果讨论

由样本区域产学研协同创新的测评结果可以发现，我国各省份产学研协同创新系统的协同度发展水平总体上呈现"东高西低"的不平衡格局，具有明显的区域特征。因此，为了实现各省以及国家产学研协同创新的协调发展，可以从以下两方面着手。

第一，自上而下继续大力实施产学研协同创新，尤其是加强企业和学研机构（包含高校和研究机构）的交互程度，交互程度越高，越有利于区域产学研协同创新系统协同度的提升。此外，为了激发产学研三方参与协同创新的积极性和主动性，国家需要根据不同省份的协同发展水平和发展类型制定区域协同创新政策。与此同时，地方政府应该进一步制定和完善推进产学研协同创新的政策并出台具体的实施细则，以助推各级政府关于产学研协同创新战略的政策引导性和政府间的联动性，也为各省产学研协同创新的实施提供强有力的政策保障，进而实现产学研协同创新的共同发展。

第二，各省应充分了解本省产学研协同创新发展的现状，并对其优势、劣势、机遇与挑战进行深入、系统的研究，有针对性地扬长补短，力争实现各子系统的平衡发展。本书第 3 章构建的产学研协同创新系统协同度评价指标体系和选取的耦合协调度模型为各省提供了一个比较科学和实用的工具。各省也可以因地制宜，根据本省产学研协同创新的实际情况和区域特点，基于已有相关研究成果，构建自己的产学研协同创新测评体系。总而言之，各省需要采用科学、合理、实用的方法对本省各管辖市县的产学研发展现状和特性做好自上而下的分析，再由下而上逐级打造创新极，最终形成本省产学研协同创新的协同池，使本省产学研协同创新系统的结构更加合理，功能更加完备。

4.4 本章小结

本章首先基于协同创新理论构建了产学研协同创新测评初始指标体系，通过变异系数分析、聚类分析等方法确定本书中产学研协同创新测评指标体系，采用改进的层次分析法和熵值法确定各评价指标权重；其次以北京、上海、广东和陕西四个代表性区域为前期样本，对不同协同度模型进行横向对比分析，并结合有关领域专家意见，选用本书构建的耦合协同度模型作为我国的产学研协同创新协同度模型，并测算出产学研协同创新各子系统的有序度，分别是企业子系统有序度、科学研究子系统有序度和交互子系统协同度，设立产学研协同创新水平的判别标准；最后对全国和东中西三大地区产学研协同创新的总体水平进行了分析，得出相应结论。

第5章 区域经济与科技协调发展的综合测评

区域经济与科技协调发展作为本书的后果变量，与产学研协同创新这一前因变量同等重要。随着社会主要矛盾的改变，我国正在由高速增长向高质量发展转变，区域经济与科技协调发展的内涵也得到扩展和深化。基于经济发展观，区域经济与科技协调发展的测评也会有所不同，在新的发展阶段，构建出与当前发展阶段相适应的测评指标体系迫在眉睫。为此，本章结合新经济常态下高质量发展理念，设计更加合理与完善的区域经济增长测评指标体系、区域科技进步测评指标体系和区域经济与科技协调发展的测评指标体系，最后应用这三个测评指标体系及适当的评价方法（模型），对我国区域经济与科技协调发展进行定量测评和横向比较，为后面的实证分析提供基础。

5.1 区域经济增长的测评

5.1.1 指标体系的设计与优化

5.1.1.1 指标体系设计

国内外学者已对经济增长的测评问题做过大量研究。大多数学者均直接采用国内生产总值（GDP）或人均 GDP 等数量指标来测评经济增长，如张杰等（2016）、谢兰云（2015）、李强和李晓玲（2016）。根据区域经济的演化路径理论，在经济新常态下，我国正处于区域经济高质量发展理论主导时期（刘秉镰等，2020）。因此，经济增长的测评不仅要考虑经济增长数量，而且要考虑经济增长质量。钞小静（2009）、朱方明和贺立龙（2014）对经济增长质量的内涵做了深入剖析，并对经济增长数量与经济增长质量的关系和区别进行详细介绍，这对经济增长质量的研究产生了重要影响。钞小静（2009）认为，经济增长质量是经济增长内在的性质与规律，包含经济增长结构、经济增长的稳定性、资源利用和生态环境代价、福利变化与成果分配四个维度。朱方明和贺立龙（2014）认为，经济增长质量和数量是相对而言的，属于硬币的两面，不可分割，可从经济成果的使用价值、经济活动本身、经济活动的投入要素、环境质量四个方面考量，从投入要素质量、过程控制质量、产品和服务质量以及环境质量四个维度对经济增长进行测评。唐凯桃（2018）基于国家审计服务角度，结合供给侧改革思路，探讨了提高经济增长质量的理论基础和实现路径。赵英才等（2006）、方迎风和童光荣（2014）、周波和王英家（2016）、李荣富等（2013）分别从不同视角构建了经济增长的测评指标体系，并对经济增长进行定量测评研究。

综合以上关于经济增长质量方面的研究发现：第一，以往的经济增长测评研究中很少把经济增长数量和经济增长质量两个方面同时纳入评价之中；第二，关于经济增长数量测评指标的观点比较一致，主要包括经济规模（实力）、经济效率等；第三，在经济增长质量测评指标方面尚未达成共识，但学者们普遍认为国民福利、公平发展和环境质量等方面的测量指标应该包含在内。

本章从经济增长数量和经济增长质量两个维度来构建区域经济增长测评指标体系，其中的经济增长数量维度包括经济实力和经济增长速度两个指标。下面从理论上分析经济增长质量维度应该包括哪些测评指标。

经济增长的直接目标是实现经济发展，而最终目的是人民生活水平和质量的提高，共享经济发展的成果，过上更加优越、美满和幸福的生活。因此，只考虑发展或共享，都会迷失发展方向。没有共享的发展并不是真正意义上的发展，甚至可能是倒退，而没有发展的共享极可能导致贫富两极化现象的加剧（褚福灵，2016），从而使发展失去原动力。从经济增长数量方面来看，我国已经是世界第二大经济体，国家经济总量明显增强，而且物质需求是实现美好生活的先决条件，总量依然是测量经济增长数量的重要指标。为了实现可持续发展，增长率也是必须要受到关注的。

从经济增长质量出发，支持创新能力强的实体经济，发挥经济增长中创新驱动的力量，对实现质量型经济增长的目标具有长远意义和可持续性，而质量型经济增长追求的目标是经济增长的后果和前景（任保平，2013）。此外，考虑到人类与自然、当代与后代的关系，包容性绿色增长成为一种新的可持续发展方式，它不仅强调了平等、公平（Rauniyar et al.，2010；Klasen，2010；Ali et al.，2007），也兼顾了当代与后代的福利（Albagoury，2016；吴武林等，2019），同时还可实现环境可持续性（Slingerland et al.，2015）。基于以上分析，本章的经济增长质量将从产业结构升级、收入分配均衡、社会保障、民生民富和生态环境五个方面进行测评，具体的测评指标如表 5.1 所示。

表 5.1　　　　　　　区域经济增长的初始测评指标评价体系

目标层	维度层	领域层		测评指标	单位	分析结果
区域经济增长	经济增长数量	经济实力	C_{111}	地区 GDP（＋）	亿元	保留
			C_{112}	人均 GDP（＋）	元	保留
			C_{113}	全社会固定资产投资总额（＋）	亿元	删除
			C_{114}	社会消费品零售总额（＋）	亿元	删除
		经济增长速度	C_{121}	地区 GDP 增长率（＋）	％	删除
			C_{122}	人均 GDP 增长率（＋）	％	保留
			C_{123}	全社会固定资产投资增长率（＋）	％	保留
			C_{124}	社会消费品零售增长率（＋）	％	保留
	经济增长质量	产业结构升级	C_{211}	第二产业产值占比（＋）	％	保留
			C_{212}	第三产业产值占比（＋）	％	保留
			C_{213}	第二产业从业人数占比（＋）	％	保留
			C_{214}	第三产业从业人数占比（＋）	％	保留
		收入分配均衡	C_{221}	劳动报酬比重适中率（＋）	％	保留
			C_{222}	劳动报酬与劳动生产率增长同步率（＋）	％	保留
			C_{223}	居民可支配收入与国民收入增长同步率（＋）	％	保留
			C_{224}	城乡居民人均收入比（－）	倍数	保留
		社会保障	C_{231}	养老保障覆盖率（＋）	％	保留
			C_{232}	医疗保障覆盖率（＋）	％	保留
			C_{233}	医疗费用报销率（＋）	％	保留
		民生民富	C_{241}	城镇居民可支配收入（＋）	元	保留
			C_{242}	农村居民可支配收入（＋）	元	保留
			C_{243}	平均受教育水平（＋）		保留
			C_{244}	城镇恩格尔系数（＋）	％	保留
			C_{245}	农村恩格尔系数（＋）	％	保留
		生态环境	C_{251}	综合能源产出率（＋）	亿元	保留
			C_{252}	能源消费弹性系数（－）		保留
			C_{253}	环境污染治理投资强度（＋）	％	保留

注：（＋）表示该指标是正向指标，（－）表示该指标是负向指标。

5.1.1.2 指标优化

经济增长数量测评指标主要参考徐徐等（2012）、王薇等（2015）、逯进等（2012）、罗富政等（2016）的成果，从经济实力和经济增长速度两个方面进行表征，分别用地区 GDP、人均 GDP、全社会固定资产投资总额和社会消费品零售总额反映地区经济实力，用它们的增长率反映地区的经济增长速度。经济增长质量中的产业结构升级和生态环境的测评指标主要参考吴武林等（2019）、周小亮等（2018）的文献，其中，产业结构升级部分分别用第二、第三产业产值占比及从业人数占比来反映当前的产业结构升级情况，因为在经济增长质量改善时，第二、第三产业的比重会增加，且能提供更多的就业机会（于斌斌等，2020）；生态环境分别用综合能源产出率、能源消费弹性系数和环境污染治理强度来反映，因为创新驱动的经济增长质量提升，会促进科学技术的进步，这一结果在能源方面会表现在能源的利用率提高、能源消费的增长速度慢于国民经济的增长速度两个方面，此外，在污染排放和投资治理方面，田秀杰等（2020）的研究表明，环境污染治理投资对减少碳排放的效果更好，因此本章选择了环境污染治理强度指标。经济增长质量中的收入分配均衡、社会福利和民生民富是主要考虑到人们的生活质量、生活保障和幸福指数问题，它们的具体测评指标主要参考张来明等（2016）、王延中等（2016）和周绍杰等（2015）的研究。

（1）相关性分析。相关性分析是根据相关系数判断变量间的依存关系，包含相关程度和相关方向，剔除或合并相关系数较大的指标，克服指标信息冗余问题。本章使用 Excel 软件进行了皮尔逊双侧检验，所得相关系数显著且绝对值大于 0.8，说明具有强相关性，信息重叠，应予以剔除。现列出相关系数绝对值大于 0.8 的指标及结果，如表 5.2 所示。

表 5.2　　　　　　　　相关系数（绝对值 > 0.8）

指标	相关系数	指标	相关系数
$R_{111,113}$	0.903 **	$R_{113,114}$	0.884 **
$R_{111,114}$	0.986 **	$R_{121,122}$	0.872 **
$R_{112,241}$	0.856 **	$R_{241,242}$	0.896 **
$R_{112,242}$	0.920 **		

注：$R_{i,j}$ 表示 C_i 和 C_j 指标的相关系数；＊＊表示在 0.01 水平（双侧）上显著相关。

由表 5.2 可知，C_{111} "地区 GDP" 与 C_{113} "全社会固定资产投资总额"、C_{114} "社会消费品零售总额" 均高度相关，考虑到 "地区 GDP" 是衡量区域经济增长规模的重要指标，因此保留 C_{111}，同时剔除 C_{113} 和 C_{114}；C_{112} "人均 GDP" 与 C_{241} "城镇居民可支配收入"、C_{242} "农村居民可支配收入" 高度相关，根据相关性分析原理，理应仅保留一个，但根据测评指标的代表性原则，这三个指标分别代表不同群体和层次，因此均予以保留；C_{121} "地区 GDP 增长率" 与 C_{122} "人均 GDP 增长率" 相关系数高达 0.952，鉴于 "人均 GDP 增长率" 是衡量经济增长速度的重要指标，也是常用指标，因此保留 C_{122}，剔除 C_{121}。相关分析结果如表 5.1 所示。

（2）鉴别力分析。鉴别力是表征测评指标区分评价对象差异特征的能力。将经过相关性分析后保留的指标采用变异系数法进行鉴别力分析，具体计算过程见第 4 章式（4.2），结果如表 5.3 所示。

表 5.3　　　　　　　　　　　　变异系数结果

指标	变异系数	指标	变异系数	指标	变异系数
CV_{111}	0.7951	CV_{214}	0.4442	CV_{241}	0.5265
CV_{112}	0.7766	CV_{221}	0.2502	CV_{242}	0.6206
CV_{122}	0.4204	CV_{222}	0.6947	CV_{243}	0.2250
CV_{123}	0.5529	CV_{223}	0.6197	CV_{244}	0.2352
CV_{124}	0.3746	CV_{224}	**0.1692**	CV_{245}	0.2815
CV_{211}	0.6945	CV_{231}	0.5552	CV_{251}	0.4930
CV_{212}	0.7715	CV_{232}	0.8065	CV_{252}	0.2804
CV_{213}	0.5302	CV_{233}	0.2815	CV_{253}	0.6878

注：CV_i 表示指标 C_i 的变异系数。

根据唐（Tang，2018）的观点和鉴别力分析原理，从表 5.3 可以看出，只有 C_{224} 的变异系数小于 0.2，应予以剔除。

（3）理性甄别分析。上面的相关性分析和鉴别力分析均属于统计分析，为了使区域经济增长测评指标体系具有更高的全面性和代表性，也为了使其更接近现实情况，通过专家咨询和访谈交流①，对部分在统计分析过程中被误删的指标进行理性甄别分析和代表性分析，最终捡回 C_{224} 指标。

经相关性分析、鉴别力分析和理性甄别分析，最终形成了本章的正式区域经济增长测评指标体系，如表 5.4 所示。

---

① 此处选择的专家主要以经济学领域专家为主，共选择了 5 位有多年经济领域研究经验且具有副教授、教授职称的专家。

表 5.4 　　　　　　　　　　**区域经济增长测评指标体系（正式）**

目标层	一级指标	二级指标	权重	三级指标		单位	权重
区域经济增长	经济增长数量（0.632）	经济增长规模	0.775	C_{111}	地区 GDP（＋）	亿元	0.533
				C_{112}	人均 GDP（＋）	元	0.467
		经济增长速度	0.225	C_{122}	人均 GDP 增长率（＋）	％	0.341
				C_{123}	全社会固定资产投资增长率（＋）	％	0.440
				C_{124}	社会消费品零售增长率（＋）	％	0.219
	经济增长质量（0.373）	产业结构发展	0.145	C_{211}	第二产业产值占比（＋）	％	0.230
				C_{212}	第三产业产值占比（＋）	％	0.337
				C_{213}	第二产业从业人数占比（＋）	％	0.271
				C_{214}	第三产业从业人数占比（＋）	％	0.162
		收入分配均衡	0.188	C_{221}	劳动报酬比重适中率（＋）	％	0.146
				C_{222}	劳动报酬与劳动生产率增长同步率（＋）	％	0.360
				C_{223}	居民可支配收入与国民收入增长同步率（＋）	％	0.431
				C_{224}	城乡居民人均收入比（－）	倍数	0.063
		社会保障	0.363	C_{231}	养老保障覆盖率（＋）	％	0.287
				C_{232}	医疗保障覆盖率（＋）	％	0.611
				C_{233}	医疗费用报销率（＋）	％	0.103
		民生民富	0.188	C_{241}	城镇居民可支配收入（＋）	元	0.304
				C_{242}	农村居民可支配收入（＋）	元	0.451
				C_{243}	平均受教育水平（＋）		0.064
				C_{244}	城镇恩格尔系数（＋）	％	0.075
				C_{245}	农村恩格尔系数（＋）	％	0.106
		生态环境	0.116	C_{251}	综合能源产出率（＋）	亿元	0.372
				C_{252}	能源消费弹性系数（－）		0.075
				C_{253}	环境污染治理投资强度（＋）	％	0.553

注：（＋）表示该指标是正向指标，（－）表示该指标是负向指标。

5.1.2　数据来源与测评方法

5.1.2.1　数据来源

所有指标原始数据均来自历年《中国统计年鉴》《中国环境统计年鉴》《中国能源统计年鉴》《中国劳动统计年鉴》《中国人口与就业统计年鉴》以及各地区统计年鉴，个别缺失值采用前后两年均值补充。其中，收入分配均衡中的"劳动报酬比重适中率""劳动报酬与劳动生产率增长同步率""居民可支配收入与国民收入增长同步率", 以及社会保障中的 "养老保障覆盖率" "医疗保障覆盖率" "医疗费用报销率" 均采用褚福灵 (2016) 研究中的计算方法。同时, 指标中的 GDP 数据在进行处理时, GDP 的总量和人均指标均采用现价, 其增长率指标以 2000 年为基期进行了不变价处理。

5.1.2.2　测评方法

在通过有关统计资料获得了 29 个省份经济增长测评指标的数据之后, 采用指数综合法[①]计算了这些样本区域经济增长的综合指数。

指数综合法的基本原理是从末级指标由下而上逐层加权综合, 其综合方法如下。

(1) 二级指标指数 $E_{ij.}$ 由三级指标值加权综合而来, 即,

$$E_{ij.} = \sum_{k=1}^{n_j} w_{ijk}\, x_{ijk} \tag{5.1}$$

其中, w_{ijk} 表示各三级指标的权重, x_{ijk} 表示三级指标的标准化值, n_j 表示第 j 个二级指标下的三级指标个数。

(2) 一级指标指数 $E_{i.}$ 由通过式 (5.1) 得到的二级指标指数加权综合而来, 即,

$$E_{i.} = \sum_{j=1}^{n_i} w_{ij.}\, E_{ij.} \tag{5.2}$$

其中, $w_{ij.}$ 表示各二级指标指数的权重, n_i 表示第 i 个一级指标下的二级指标个数。

(3) 总评价指数 E 由一级指标加权综合而来, 即,

$$E = \sum_{i=1}^{n} w_{i.}\, E_{i.} \tag{5.3}$$

其中, $w_{i.}$ 表示各一级指标指数权重, n 表示一级指标的个数。

各级指标的权重确定方法采用前面第 4 章介绍的熵值法, 其结果如表 5.4 所示。

5.1.3　测评结果

根据式 (5.1) ~式 (5.3) 和表 5.4 各级指标权重, 计算得出 29 个省份的区域经济增长数量指数、质量指数和综合指数, 区域经济增长综合指数如表 5.5 所示, 区域经济增长数量指数和质量指数见附录二。

---

① 指数综合具体算法参考《2015 年全国科技进步统计监测报告》。

表 5.5　区域经济增长综合指数

省份	2001年	2002年	2003年	2004年	2005年	2006年	2007年	2008年	2009年	2010年	2011年	2012年	2013年	2014年	2015年	2016年	2017年
北京	36.91	37.15	38.95	35.07	36.43	36.38	39.19	38.21	38.34	39.11	38.06	37.88	38.23	38.87	40.28	44.27	42.95
天津	28.23	27.82	29.48	30.64	29.47	30.53	31.37	36.28	34.23	39.37	36.35	35.22	34.82	35.79	35.15	37.72	32.78
河北	20.35	18.96	21.46	24.03	22.97	23.68	22.00	24.67	23.19	25.48	25.62	27.24	25.67	25.93	23.73	31.55	29.93
山西	16.53	16.28	16.86	20.28	18.31	17.39	18.52	20.22	19.01	19.91	22.09	23.57	22.68	18.53	21.22	20.17	19.78
内蒙古	19.06	19.32	21.53	23.23	21.45	20.34	22.38	25.35	25.59	26.51	28.95	28.84	26.39	26.87	21.99	30.63	23.67
辽宁	25.27	24.33	25.37	27.47	27.90	26.26	26.62	29.05	27.92	31.45	31.20	33.38	31.02	29.95	24.12	16.29	23.72
吉林	18.80	17.05	17.52	18.05	18.85	19.84	21.12	21.93	21.22	22.96	21.49	24.98	21.45	24.20	21.39	26.01	22.09
黑龙江	21.16	18.13	18.56	21.05	18.68	20.00	19.33	21.29	19.76	23.66	21.97	24.75	22.26	18.21	18.59	24.12	22.91
上海	43.44	42.73	42.76	44.33	42.45	41.77	41.80	41.76	38.78	39.63	38.88	35.82	36.18	38.48	38.88	43.30	41.96
江苏	32.28	33.10	36.25	36.00	36.56	36.14	36.28	39.36	39.08	41.87	43.77	43.27	44.37	46.52	46.32	49.05	50.84
浙江	32.09	32.15	35.02	34.26	31.04	32.07	31.11	33.74	32.42	36.13	37.45	38.17	39.19	41.20	41.12	44.14	42.19
安徽	16.21	14.74	15.63	18.90	16.66	18.63	19.36	20.37	19.10	22.52	21.50	24.79	25.45	25.49	24.06	27.72	26.99
福建	22.35	21.19	22.44	23.88	21.83	22.87	24.78	25.46	24.91	28.38	29.78	30.96	30.19	32.18	32.18	34.29	37.10
江西	16.23	17.76	17.20	18.79	15.21	15.26	17.53	20.24	18.28	22.32	20.67	19.38	20.14	26.50	23.45	27.14	29.14
山东	29.77	29.52	32.76	32.74	32.92	32.55	31.55	34.79	34.18	35.52	37.13	37.65	38.53	40.22	42.16	44.27	42.07
河南	20.84	19.00	19.68	23.40	22.39	22.21	22.85	24.27	21.74	24.70	24.76	26.92	27.08	28.91	28.06	31.12	34.50
湖北	18.87	17.34	16.87	19.55	16.95	18.33	20.40	23.02	23.42	24.60	27.39	27.34	27.56	29.66	28.72	31.39	32.41
湖南	20.91	16.52	17.66	20.37	17.35	17.53	20.10	21.47	22.31	23.30	25.18	26.10	26.79	28.31	28.40	30.05	31.23
广东	36.71	35.98	38.65	38.46	37.11	36.92	37.68	39.63	38.61	43.11	42.52	41.72	43.22	46.31	46.11	48.82	48.07
广西	15.75	13.73	11.38	16.48	17.51	15.99	16.99	17.55	17.34	20.80	19.12	20.17	20.29	21.90	21.72	24.17	27.99
海南	12.56	13.62	13.46	14.64	12.33	14.31	14.75	19.82	17.27	20.82	22.00	21.99	21.95	21.82	19.16	23.32	22.89

续表

省份	2001 年	2002 年	2003 年	2004 年	2005 年	2006 年	2007 年	2008 年	2009 年	2010 年	2011 年	2012 年	2013 年	2014 年	2015 年	2016 年	2017 年
重庆	16.80	16.16	16.36	18.54	16.51	16.50	18.52	19.12	19.58	23.46	25.88	27.78	27.55	30.56	30.87	33.29	31.20
四川	18.90	16.97	17.80	19.08	17.57	17.86	19.70	20.62	22.44	21.60	22.82	25.15	24.93	26.37	24.96	30.63	31.59
贵州	14.42	12.67	13.50	14.06	11.69	13.60	14.98	15.09	15.02	18.28	21.35	22.07	21.54	22.89	22.38	25.77	20.67
云南	14.69	11.18	13.36	15.99	13.69	13.17	13.56	15.43	13.97	16.53	17.36	20.22	23.13	20.13	19.44	22.29	24.83
陕西	15.97	14.56	15.54	16.79	15.05	16.37	18.99	21.01	19.33	21.54	23.10	24.92	24.77	25.48	21.99	26.96	27.00
甘肃	12.61	11.36	11.58	13.38	10.47	11.75	12.97	14.57	12.90	17.29	16.51	18.55	19.21	19.07	13.81	19.45	17.05
宁夏	16.06	13.13	15.96	15.27	12.82	13.80	15.61	19.25	17.37	19.65	19.87	22.50	22.93	22.96	21.47	24.95	23.23
新疆	17.34	14.28	16.66	17.17	15.44	14.38	15.47	17.38	16.58	20.57	22.84	23.93	23.36	23.97	18.62	20.91	23.82

5.2　区域科技进步的测评

在科技进步测评研究方面，国内外学者已经做过大量研究（周晓利，2016）。在区域科技进步测评方面，也已经有不少研究成果，其中，比较有影响力的研究成果有经济合作与发展组织（OECD）、联合国教科文组织（UNESCD）、世界经济论坛（WEF）与国际管理发展学院（IMD）发布的科技进步测评指标体系等。一些学者，如周晓利（2016）、吴建宁等（2013），基于上述科技进步测评体系构建了新的（区域）科技进步测评指标体系。

科学技术部及其前身国家科委先后设计了多个区域科技进步（创新）测评体系，并应用这些测评体系对我国的区域科技进步（状况）进行了定量测评、系统分析和横向比较：1997 年正式发布了《全国科技进步统计监测报告》（以下简称《监测报告》）；为了与其他国家重新调查制度保持一致，2015 年正式将《监测报告》更名为《中国区域科技进步评价报告》；为了充分体现创新内容的多样性，彰显科技创新的引领作用和地位，结合时代发展目标，2016 年将《中国区域科技进步评价报告》更名为《中国区域科技创新评价报告》。更名后的报告均沿袭了更名前报告的测评指标体系、测评方法和测评标准，与此同时，在遵循测评结果的历史可比性和动态性原则基础上，对历年报告的测评指标体系进行完善。该套测评体系充分结合了我国区域资源禀赋特点、发展差异和发展目标，具有很强的区域可比性、规范性、可操作性，测评指标的趋势和走向能够敏感地反映出各地区的科技创新水平和科技进步情况，已成为评价我国区域科技进步的权威性文件。基于此，本章直接采用以上报告的测评结果作为本章区域科技进步的测评结果[①]，如表 5.6 所示，其测评指标体系见附录三。

[①]　资料来源：2002~2014 年《全国科技进步统计监测报告》，2015 年《中国区域科技进步评价报告》，2016~2018 年《中国区域科技创新评价报告》。

表 5.6　区域科技进步测评结果

省份	2001 年	2002 年	2003 年	2004 年	2005 年	2006 年	2007 年	2008 年	2009 年	2010 年	2011 年	2012 年	2013 年	2014 年	2015 年	2016 年	2017 年
北京	62.96	65.97	70.40	70.34	72.77	78.66	79.12	77.56	79.65	79.62	80.39	81.78	83.12	83.43	85.36	84.83	84.79
天津	55.01	56.05	57.12	66.94	65.06	70.57	72.92	72.54	72.53	73.37	75.08	75.75	78.63	81.43	80.55	80.75	81.17
河北	27.61	27.73	29.24	33.27	33.44	36.77	39.99	42.15	45.59	45.11	39.62	39.07	41.78	44.37	46.06	48.78	51.85
山西	26.00	29.34	31.24	33.79	33.74	35.58	39.98	41.94	43.99	44.58	42.87	43.20	49.53	52.20	51.80	50.85	51.94
内蒙古	23.98	24.39	30.10	30.44	33.02	35.54	38.62	40.34	43.91	45.35	42.89	43.28	45.13	44.89	46.08	46.76	47.46
辽宁	38.96	42.18	45.19	47.10	49.26	52.24	56.15	57.97	50.84	58.36	57.64	56.89	59.54	60.17	59.86	60.55	63.48
吉林	30.24	32.70	33.20	36.20	37.91	44.21	44.26	45.21	49.84	48.53	46.25	45.08	48.95	49.50	50.29	54.59	55.44
黑龙江	30.33	32.97	35.76	38.64	39.60	39.74	44.23	45.41	51.16	53.87	51.41	53.83	55.61	56.48	58.42	56.05	54.97
上海	55.47	61.64	66.04	72.22	74.64	79.18	78.58	78.80	80.50	79.81	82.18	82.37	82.48	84.57	84.04	85.63	86.59
江苏	39.32	42.23	47.68	50.19	52.56	54.24	58.49	59.90	57.21	64.47	69.97	72.06	73.06	76.21	76.84	77.13	77.93
浙江	36.08	38.70	43.95	46.90	47.14	52.06	55.47	56.42	61.33	57.19	62.37	63.92	67.58	69.40	71.38	74.26	74.58
安徽	27.06	28.04	28.61	31.16	33.30	36.00	37.72	39.35	42.62	44.21	45.85	46.63	51.43	54.97	58.24	63.46	63.57
福建	34.48	35.54	39.13	40.06	41.33	46.37	49.65	50.39	51.70	56.35	53.50	53.86	56.42	57.98	60.17	61.38	63.49
江西	23.23	26.41	27.09	28.62	31.03	32.48	36.58	37.68	39.87	41.81	39.14	39.13	43.07	44.92	50.05	51.28	52.11
山东	34.32	35.71	39.13	42.21	44.29	46.21	51.54	50.67	55.06	55.39	54.95	55.73	59.53	63.09	64.83	65.71	65.73
河南	25.33	25.56	27.78	31.74	31.98	35.09	37.37	38.20	41.42	41.64	41.18	39.17	433.53	47.21	48.21	50.70	52.10
湖北	34.12	33.58	35.37	38.17	42.93	45.77	48.68	51.49	54.89	56.30	55.58	55.19	59.20	62.84	65.75	67.44	67.53
湖南	28.26	30.73	30.62	36.43	36.31	39.39	40.75	44.22	48.66	46.94	45.87	44.72	49.60	54.29	55.65	57.34	61.24
广东	47.52	50.59	54.82	52.74	55.74	58.81	66.03	66.03	67.05	68.34	70.89	71.48	72.41	74.73	77.39	79.47	81.00

续表

省份	2001 年	2002 年	2003 年	2004 年	2005 年	2006 年	2007 年	2008 年	2009 年	2010 年	2011 年	2012 年	2013 年	2014 年	2015 年	2016 年	2017 年
广西	25.38	24.83	27.83	29.47	31.19	30.33	34.36	34.36	37.69	39.15	36.44	35.97	40.30	42.05	43.76	44.84	46.70
海南	29.22	27.95	30.27	33.46	36.88	38.59	38.45	38.45	41.46	42.06	37.05	37.95	41.51	41.28	43.61	43.76	43.23
重庆	28.57	32.41	35.93	41.20	41.09	44.22	50.00	50.00	51.16	53.69	51.34	54.63	59.30	63.06	65.67	66.63	67.83
四川	28.98	31.52	34.58	35.19	38.75	39.35	41.77	42.47	48.08	48.42	48.88	52.11	57.13	59.62	61.85	62.47	63.57
贵州	20.76	23.73	26.41	27.37	27.18	31.53	34.28	32.48	36.78	37.37	31.45	32.42	57.13	38.56	40.83	41.24	44.49
云南	23.21	25.51	25.71	27.02	29.43	31.51	34.16	33.83	37.50	38.08	36.11	34.79	39.10	38.84	41.35	43.01	67.04
陕西	37.24	38.31	40.45	44.26	44.70	45.87	49.53	52.93	56.83	58.17	57.06	56.40	60.73	62.96	65.66	66.58	50.72
甘肃	25.19	25.37	26.70	30.88	32.87	34.30	38.05	40.17	46.48	46.34	41.74	43.04	47.06	49.51	50.63	51.38	44.50
宁夏	22.06	25.31	25.00	27.83	31.58	34.78	40.62	41.97	39.81	39.85	42.01	39.37	43.29	45.61	46.24	46.68	51.75
新疆	26.45	26.92	29.60	32.96	32.54	35.82	41.08	42.32	43.99	43.02	38.12	35.29	38.41	38.83	40.75	40.59	39.18

5.3　区域经济与科技协调发展的测评

5.3.1　测评方法及结果

在构建区域经济与科技协调发展评价模型时，把两个子系统的权系数均设为 0.5，并利用第 4 章构建的耦合协同度模型测度区域经济与科技协调发展水平。根据式（2.8）和式（2.9），C 和 T 的计算公式如下：

$$C = 2 \times \sqrt{\frac{ST \times EG}{(ST + EG)^2}} \tag{5.4}$$

$$T = 0.5ST + 0.5EG \tag{5.5}$$

其中，ST 表示科技进步综合指数，EG 表示经济增长综合指数。

把式（5.4）和式（5.5）代入式（2.7），计算得出经济与科技协调发展的测度结果，如表 5.7 所示。

5.3.2　结果分析与讨论

5.3.2.1　协调发展等级判别标准

根据于世海（2018）关于科技与经济协同等级的划分以及本书第 4 章关于协同等级的划分方法，本章将经济与科技协调发展程度也划分为五个等级，分别是极度不协同、比较不协同、基本协同、比较协同和高度协同。基于协同度水平划分的区域经济与科技协调发展等级判别标准如表 5.8 所示。

5.3.2.2　测评结果分析

根据表 5.5、表 5.6 和表 5.7，分别计算出各区域在考察期内经济增长综合指数、科技进步综合指数及两者协同度的平均值，如图 5.2 所示，其中，图 5.2（a）表示各区域的经济增长和科技进步及其协调发展平均水平，图 5.2（b）表示考察期内每年所有样本区域经济增长综合指数、科技进步综合指数及两者协调发展的平均水平，图 5.2（c）表示考察期内东部、中部和西部三大经济区①经济增长和科技进步及其协同度均值。

---

① 三大经济地带的划分：

东部沿海地区（12 个省份）：辽宁、北京、天津、上海、河北、山东、江苏、浙江、福建、广东、广西、海南；

中部地区（9 个省份）：黑龙江、吉林、山西、内蒙古、安徽、河南、湖北、湖南、江西；

西部地区（8 个省份）：重庆、四川、云南、贵州、陕西、甘肃、宁夏、新疆（其中西藏、青海因数据缺失较多不含在内）。

表5.7 区域经济与科技协调发展的测评结果

省份	2001年	2002年	2003年	2004年	2005年	2006年	2007年	2008年	2009年	2010年	2011年	2012年	2013年	2014年	2015年	2016年	2017年	平均值
北京	0.694	0.704	0.724	0.705	0.718	0.731	0.746	0.738	0.743	0.747	0.744	0.746	0.751	0.755	0.766	0.783	0.777	0.740
天津	0.628	0.628	0.641	0.673	0.662	0.681	0.692	0.716	0.706	0.733	0.723	0.719	0.723	0.735	0.729	0.743	0.718	0.697
河北	0.487	0.479	0.500	0.532	0.526	0.543	0.545	0.568	0.570	0.582	0.564	0.571	0.572	0.582	0.575	0.626	0.628	0.556
山西	0.455	0.467	0.479	0.512	0.499	0.499	0.522	0.540	0.538	0.546	0.555	0.565	0.579	0.558	0.576	0.566	0.566	0.531
内蒙古	0.462	0.466	0.505	0.516	0.516	0.519	0.542	0.565	0.579	0.589	0.594	0.594	0.587	0.589	0.564	0.615	0.579	0.552
辽宁	0.560	0.566	0.582	0.600	0.609	0.609	0.622	0.641	0.614	0.655	0.651	0.660	0.656	0.652	0.616	0.560	0.623	0.616
吉林	0.488	0.486	0.491	0.506	0.517	0.544	0.553	0.561	0.570	0.578	0.561	0.579	0.569	0.588	0.573	0.614	0.592	0.551
黑龙江	0.503	0.494	0.508	0.534	0.522	0.531	0.541	0.558	0.564	0.598	0.580	0.604	0.593	0.566	0.574	0.606	0.596	0.557
上海	0.701	0.716	0.729	0.752	0.750	0.758	0.757	0.757	0.747	0.750	0.752	0.737	0.739	0.755	0.756	0.780	0.776	0.748
江苏	0.597	0.611	0.645	0.652	0.662	0.665	0.679	0.697	0.688	0.721	0.744	0.747	0.755	0.772	0.772	0.784	0.793	0.705
浙江	0.583	0.594	0.626	0.633	0.618	0.639	0.645	0.661	0.668	0.674	0.695	0.703	0.717	0.731	0.736	0.757	0.749	0.672
安徽	0.458	0.451	0.460	0.493	0.485	0.509	0.520	0.532	0.534	0.562	0.560	0.583	0.601	0.612	0.612	0.648	0.644	0.545
福建	0.527	0.524	0.544	0.556	0.548	0.571	0.592	0.598	0.599	0.632	0.632	0.639	0.642	0.657	0.663	0.677	0.697	0.606
江西	0.441	0.465	0.465	0.482	0.466	0.472	0.503	0.526	0.520	0.553	0.533	0.525	0.543	0.587	0.585	0.611	0.624	0.524
山东	0.565	0.570	0.598	0.610	0.618	0.623	0.635	0.648	0.659	0.666	0.672	0.677	0.692	0.710	0.723	0.734	0.725	0.654
河南	0.479	0.469	0.484	0.522	0.517	0.528	0.541	0.552	0.548	0.566	0.565	0.570	1.041	0.608	0.606	0.630	0.651	0.581
湖北	0.504	0.491	0.494	0.523	0.519	0.538	0.561	0.587	0.599	0.610	0.625	0.623	0.636	0.657	0.659	0.678	0.684	0.588
湖南	0.493	0.475	0.482	0.522	0.501	0.513	0.535	0.555	0.574	0.575	0.583	0.585	0.604	0.626	0.631	0.644	0.661	0.562
广东	0.646	0.653	0.678	0.671	0.674	0.683	0.706	0.715	0.713	0.737	0.741	0.739	0.748	0.767	0.773	0.789	0.790	0.719

续表

省份	2001 年	2002 年	2003 年	2004 年	2005 年	2006 年	2007 年	2008 年	2009 年	2010 年	2011 年	2012 年	2013 年	2014 年	2015 年	2016 年	2017 年	平均值
广西	0.447	0.430	0.422	0.469	0.483	0.469	0.492	0.496	0.506	0.534	0.514	0.519	0.535	0.551	0.555	0.574	0.601	0.506
海南	0.438	0.442	0.449	0.470	0.462	0.485	0.488	0.525	0.517	0.544	0.534	0.537	0.549	0.548	0.538	0.565	0.561	0.509
重庆	0.468	0.478	0.492	0.526	0.510	0.520	0.552	0.556	0.563	0.596	0.604	0.624	0.636	0.663	0.671	0.686	0.678	0.578
四川	0.484	0.481	0.498	0.509	0.511	0.515	0.536	0.544	0.573	0.569	0.578	0.602	0.614	0.630	0.627	0.661	0.669	0.565
贵州	0.416	0.416	0.435	0.443	0.422	0.455	0.476	0.471	0.485	0.511	0.509	0.517	0.592	0.545	0.550	0.571	0.551	0.492
云南	0.430	0.411	0.431	0.456	0.448	0.451	0.464	0.478	0.478	0.501	0.500	0.515	0.548	0.529	0.532	0.556	0.579	0.489
陕西	0.494	0.486	0.501	0.522	0.509	0.523	0.554	0.577	0.576	0.595	0.603	0.612	0.623	0.633	0.616	0.651	0.652	0.572
甘肃	0.422	0.412	0.419	0.451	0.431	0.448	0.471	0.492	0.495	0.532	0.512	0.532	0.548	0.554	0.514	0.562	0.542	0.490
宁夏	0.434	0.427	0.447	0.454	0.449	0.468	0.502	0.533	0.513	0.529	0.538	0.546	0.561	0.569	0.561	0.584	0.589	0.512
新疆	0.463	0.443	0.471	0.488	0.473	0.476	0.502	0.521	0.520	0.545	0.543	0.539	0.547	0.552	0.525	0.540	0.553	0.512

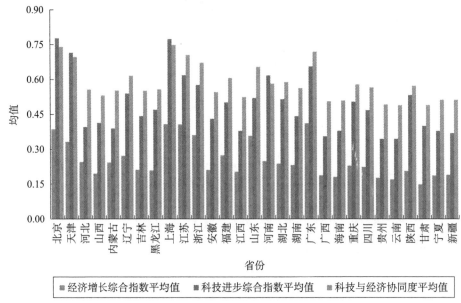

（a）各区域的经济增长和科技进步及其协调发展平均水平

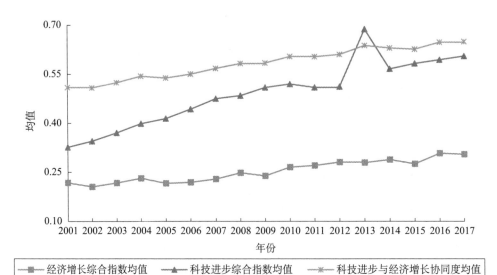

（b）考察期内经济增长和科技进步及其协调发展年度平均水平

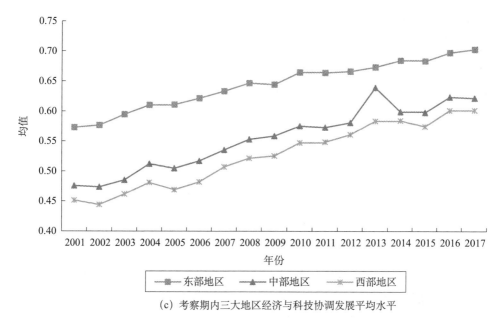

（c）考察期内三大地区经济与科技协调发展平均水平

图 5.1　考察期内不同范围经济增长和科技进步及其协调发展水平

结合表 5.8 和图 5.1（a）可以看出：第一，各省份经济与科技协调发展水平均值的变化曲线和其科技进步综合指数均值变化曲线极为相似，说明各省份经济增长与科技进步的协调发展和科技进步密切相关；第二，各省份经济增长综合指数均值均低于其科技进步综合指数，说明各省份经济增长与科技进步协调类型属于经济增长滞后型；第三，大部分省份经济与科技协调发展水平在 0.5～0.7 区间内，属于比较不协同或基本协同，只有三个省份的协同度大于 0.7，属于比较协同，分别是北京、上海和广东。

表 5.8　　　　　　　　　　　区域经济与科技协调发展等级判别标准

协同度	0～0.40	0.40～0.55	0.55～0.70	0.70～0.85	0.85～1
协同等级	极度不协同	比较不协同	基本协同	比较协同	高度协同

结合表 5.8 和图 5.1（b）可以看出：第一，考察期内我国科技进步综合指数、经济增长综合指数和经济与科技协调发展有明显的时间增长趋势；第二，经济与科技协调发展水平正在由比较不协同状态向基本协同状态发展，说明经济与科技协调发展情况正在好转，且目前处于基本协同状态；第三，科技进步综合指数曲线斜率明显大于经济增长综合指数曲线斜率，说明科技进步的速度明显高于

经济增长的变化速度。

结合表 5.8 和图 5.1（c）可以看出：第一，三大区域的经济与科技协调发展水平具有明显的时间增长趋势。第二，东部地区的经济与科技协调发展水平最高，且发展趋势较为稳定，目前已由基本协同状态向比较协同状态发展，并在 2014 年达到比较协同状态；西部地区的经济与科技协调发展水平最低，但目前也在由比较不协同状态向基本协同状态发展，且发展趋势基本稳定。第三，中部地区的经济与科技协调发展趋势在 2001～2012 年基本稳定发展，但在 2013 年中部地区协同度骤增超过东北地区，并在 2014 年又骤降。

从图 5.1（b）的"科技进步综合指数"和（c）的"中部地区经济与科技协调发展"曲线可以明显看出存在突变点（2013 年），出现该现象最可能的原因是国家于 2012 年 5 月启动的"2011 计划"，但是该计划是面向全国的，对全国范围的科技进步均形成较大的推动作用，因此并没有使中部地区形成强有力的优势，即中部地区未在其他年份出现突变点。然而，国务院于同年 11 月又正式批复了《中原经济区规划》文件，该文件对以河南为核心的中部地区的科技创新产生了短期的强烈刺激，使中部地区出现突变点。

5.4　本章小结

本章构建了区域经济增长测评指标体系和区域经济与科技协调发展测评指标体系，并应用这两个测评指标体系、有关统计数据及适当的评价方法或模型（包括指数综合法、耦合协同度模型等），对 29 个样本区域的经济增长与科技进步及其协调发展情况进行定量测评和横向比较。

第 6 章　产学研协同创新对区域经济与科技协调发展的静态分析

基于第 3 章产学研协同创新对区域经济与科技协调发展的作用机制和影响假设，以及第 4 章和第 5 章的测评结果，本章将从静态分析角度讨论产学研协同创新对区域经济与科技协调发展的实证分析，这对掌握和深化产学研协同创新对区域经济与科技协调发展的理论发展有重要作用。

6.1　数据来源及检验

6.1.1　数据来源

本章所用数据皆以第 4 章和第 5 章的测度结果为原始数据。根据计量经济学关于面板数据的理论（陈强，2014），在构建面板数据模型前，需要对所有变量（包含解释变量和被解释变量）和模型进行一系列检验，最后选择合适的模型进行静态估计。

6.1.2　平稳性检验

需要对数据进行平稳性检验，以避免出现伪回归现象。数据平稳性检验最常用的方法即单位根检验法。常用的单位根检验法有 LLC、ADF-Fisher 和 PP-Fisher 方法，其中 LLC 属于同根检验，其原假设为存在普通单位根过程；ADF-Fisher 和 PP-Fisher 两种检验方法属于异根检验，其原假设为存在有效的单位根过程。许多研究为了方便，常选用其中两种检验方法作为判断依据。为增加检验结果的可信度，本章对三种方法均进行检验，若同时通过 LLC（同根检验）和 ADF-Fisher、PP-Fisher 中的至少一种异根检验，则认为该序列是不存在单位根的，即序列平稳。本章采用 EViews10.0 软件对全国和东中西部①三个地区的所有变量序列进行单位根检验，检验结果如表 6.1 所示。

表 6.1 单位根检验结果

检验方法		Ind	Res	Joi	IUR	EG	ST	Syn	Gov	Active
全　国										
LLC	统计量	−12.190	−8.335	−17.946	−7.830	−6.831	−5.980	−9.764	−3.6673	−3.114
	P 值	0.0000	0.0000	0.0000	0.0000	0.0000	0.0000	0.0000	0.0001	0.0009
ADF-Fisher	统计量	209.369	139.265	171.157	123.594	105.711	72.259	127.744	74.9976	109.293
	P 值	0.0000	0.0002	0.0000	0.0000	0.0001	0.0986	0.0000	0.0660	0.0001
PP-Fisher	统计量	236.107	155.227	192.974	158.561	135.149	77.605	159.259	81.9416	110.125
	P 值	0.0000	0.0000	0.0000	0.0000	0.0000	0.0438	0.0000	0.0209	0.0000
东部地区										
LLC	统计量	−6.0716	−5.0686	−16.6960	−3.4778	−5.3252	−6.4161	−5.04584	−1.7733	−2.88410
	P 值	0.0000	0.0000	0.0000	0.0003	0.0000	0.0000	0.0000	0.0381	0.0020
ADF-Fisher	统计量	79.0834	54.1031	77.5623	46.2551	32.4100	37.4300	41.7637	33.2315	38.8696
	P 值	0.0000	0.0004	0.0000	0.0041	0.1171	0.0396	0.0137	0.0993	0.0282
PP-Fisher	统计量	83.1004	51.7840	86.4690	62.9703	43.7175	83.9353	52.2986	44.4586	48.9755
	P 值	0.0000	0.0008	0.0000	0.0000	0.0082	0.0000	0.0007	0.0067	0.0019
中部地区										
LLC	统计量	−7.8770	−5.1384	−7.2123	−5.3630	−5.5993	−1.8258	−6.78031	−1.7104	−2.9667
	P 值	0.0000	0.0000	0.0000	0.0000	0.0000	0.0339	0.0000	0.0436	0.0015
ADF-Fisher	统计量	63.3668	38.1152	51.6265	40.5974	40.2655	18.0189	48.0933	20.4230	41.2427
	P 值	0.0000	0.0037	0.0000	0.0017	0.0019	0.4544	0.0001	0.3095	0.0014
PP-Fisher	统计量	86.9932	33.5811	60.5076	69.2355	75.0388	27.2809	60.2374	33.2443	53.5164
	P 值	0.0000	0.0142	0.0000	0.0000	0.0000	0.0739	0.0000	0.0156	0.0000
西部地区										
LLC	统计量	−9.3947	−4.9855	−4.3960	−5.3945	−4.2284	−2.2059	−6.4853	−2.0338	−3.83374
	P 值	0.0000	0.0000	0.0000	0.0000	0.0000	0.0137	0.0000	0.0210	0.0001
ADF-Fisher	统计量	66.9189	47.0469	41.9679	36.7415	33.0356	20.2662	37.8870	20.2690	45.2959
	P 值	0.0000	0.0001	0.0004	0.0023	0.0073	0.2085	0.0016	0.2083	0.0001
PP-Fisher	统计量	73.1065	69.9600	52.7069	38.0388	32.8008	32.5802	49.7235	26.6169	47.4911
	P 值	0.0000	0.0000	0.0000	0.0015	0.0079	0.0084	0.0000	0.0459	0.0001

注：Gov 和 Active 是控制变量，后面有详细介绍，在此仅先列出它们的单位根检验结果。

---

① 三大经济地带的划分：

东部地区（12 个省份）：辽宁、北京、天津、上海、河北、山东、江苏、浙江、福建、广东、广西、海南；

中部地区（9 个省份）：黑龙江、吉林、山西、内蒙古、安徽、河南、湖北、湖南、江西；

西部地区（8 个省份）：重庆、四川、云南、贵州、陕西、甘肃、宁夏、新疆（其中西藏、青海因数据缺失较多不含在内）。

从表6.1可以看出，根据前面的判断方法，全国、东部地区和西部地区的Ind、Res、Joi、IUR、EG、ST和Syn七个变量，以及中部地区的Ind、Res、Joi、IUR、EG和Syn六个变量在5%的显著水平上通过了检验；中部地区的ST变量分别在5%和10%的显著水平上通过了LLC和PP-Fisher检验；根据前面关于变量平稳的判断原则，上述均认为是平稳序列，都属于零阶单整Ⅰ（0）。

6.2　模型设定

本章的样本个体是我国29个省份，即横截面维度 n 为29，样本的时间跨度为2001～2017年，即时间维度T为17，因此，本章的面板数据属于"短面板"（short panel）；考察期内的样本个体完全一样，均为同样的29个省份，因此又属于"平衡面板数据"（balanced panel）。同理，东部地区、中部地区和西部地区的面板数据也都属于平衡面板数据。结合以上数据特性和计量经济学理论，为了选择科学、合理且合适的计量模型，本章将借助Stata MP软件对静态模型进行详细对比分析。

在控制变量方面，本章选择政府干预、市场活跃度作为控制变量，并用"政府消费支出占地区GDP的比重"来表征政府干预，用"技术市场交易额占地区GDP比重"表征市场活跃度。理由如下：我国正处在市场经济体制深入转型期，政府部门在科技和经济发展中通过一系列政策举措加以引导，在经济调控和技术创新引导方面都有非常重要的影响（胡善成等，2019），而且政府消费支出的差异化在很大程度上使"看得见的手"的作用得以发挥（张杰等，2016），因此本章延续了陆铭等（2009）和赵勇等（2015）的观点与做法，用"政府消费支出占地区GDP的比重"作为政府干预的代理变量，且政府消费支出是扣除科教文卫等公共属性较强的支出。此外，在国家推进自主创新、促进科技成果转化过程中，技术市场发挥着举足轻重的作用[1]，技术市场交易额是企业作为创新主体、推进技术转移的重要体现[2]，因此用"技术市场交易额"表示市场活跃度，并在数据处理时取对数处理。

---

[1]　玄兆辉. 技术市场交易额增长4.5倍［N］. 人民日报，2012－9－26（010）.

[2]　苏莉. 外商直接投资、技术市场活跃度与新常态经济增长［J］. 首都经济贸易大学学报，2016，18（1）：16－25.

两个控制变量都属于面板数据，故也需进行单位根检验，具体检验结果如表6.1所示。从表6.1中不难看出，全国和三个地区的 Gov 和 Active 两个变量均在5% 显著水平上通过了单位根检验，被认为是平稳变量。

由此，本章结合短面板数据特征，设定如下静态面板模型：

$$EG_{it} = \alpha_1 + \beta_{11} Ind_{it} + \beta_{12} Res_{it} + \beta_{13} Joi_{it} + \beta_{14} IUR_{it}$$
$$+ \gamma_{11} Gov_{it} + \gamma_{12} Active_{it} + \varepsilon_{1it} \qquad (6.1)$$

$$ST_{it} = \alpha_2 + \beta_{21} Ind_{it} + \beta_{22} Res_{it} + \beta_{23} Joi_{it} + \beta_{24} IUR_{it}$$
$$+ \gamma_{21} Gov_{it} + \gamma_{22} Active_{it} + \varepsilon_{2it} \qquad (6.2)$$

$$Syn_{it} = \alpha_3 + \beta_{31} Ind_{it} + \beta_{32} Res_{it} + \beta_{33} Joi_{it} + \beta_{34} IUR_{it}$$
$$+ \gamma_{31} Gov_{it} + \gamma_{32} Active_{it} + \varepsilon_{3it} \qquad (6.3)$$

为方便叙述，后面所有以"经济增长综合指数"为被解释变量的模型被称为"经济增长模型"，以"科技进步综合指数"为被解释变量的模型被称为"科技进步模型"，以"经济与科技协调发展"为被解释变量的模型被称为"协调发展模型"。

式（6.1）~式（6.3）中，i 表示个体，即各个省份，t 表示考察期 2001~2017 年；EG 表示经济增长综合指数，ST 表示科技进步综合指数，Syn 表示经济增长与科技进步协同度，Ind 表示企业子系统有序度，Res 表示科学研究子系统有序度，Joi 表示交互子系统有序度，IUR 表示产学研协同创新系统协同度；Gov 表示政府干预，Active 表示市场活跃度，两者均属于控制变量；α 表示模型的截距项，β 表示解释变量对被解释变量的边际影响；γ 表示控制变量对被解释变量的边际影响；ε_{it} 表示随机干扰项。

混合效应模型包含了固定效应和随机效应，即所有个体都有相同的回归方程；固定效应模型包含个体固定效应模型、时间固定效应模型和双向固定效应模型（即个体时间效应模型）。根据第 5 章关于区域经济增长、科技进步和经济增长与科技进步协同度的测度发现每个省份存在不同的变化趋势。下面从统计检验角度对模型进行逐步筛选。

6.3　内生性处理及模型估计

6.3.1　内生性处理

为确定回归模型的内生性问题，本章选择工具变量法对其进行内生性处理。

就面板数据而言，一般选择核心解释变量的滞后项作为工具变量（陈强，2014），因此，本章选择 IUR 的滞后一期和滞后二期作为工具变量进行两阶段最小二乘法（2SLS）的回归分析。

6.3.2　我国范围静态模型估计

我国 29 个省份面板数据的工具变量法回归结果以及工具变量的有效性如表 6.2 所示，表 6.2 结果显示，在全国的经济增长模型和协调发展模型中，LR 检验结果和 Wald F 检验均显著，Sargan 检验结果均不显著，说明选择的工具变量可识别，并与内生变量有较强相关性，而且不存在过度识别，因此，经济增长模型和协调发展模型中的工具变量是有效的。在科技进步模型中的工具变量选择未通过有效性检验，并最终选择固定效应模型进行回归分析[①]。

表 6.2　　　　　　　　　　29 个省份工具变量回归估计结果

解释变量	经济增长模型			科技进步模型			协同发展模型		
	估计系数	z 值	P 值	估计系数	z 值	P 值	估计系数	z 值	P 值
Ind	− 0.103 **	− 2.06	0.039	0.010	0.05	0.964	− 0.046	− 0.68	0.499
Res	0.239 ***	4.41	0.000	0.450 **	2.58	0.015	0.202 ***	2.72	0.007
Joi	0.302 ***	6.28	0.000	0.278	1.01	0.320	0.219 ***	3.33	0.001
IUR	0.402 ***	6.64	0.000	0.376 **	2.09	0.046	0.437 ***	5.26	0.000
Gov	− 0.135 ***	− 3.34	0.001	− 0.328 **	− 2.54	0.017	− 0.155 ***	− 2.80	0.005
Active	0.019 ***	12.14	0.000	0.065 ***	7.38	0.000	0.029 ***	13.13	0.000
R^2	0.6076			0.6665			0.5502		
F 值	106.01 ***			28.13 ***			83.02 ***		
LR test	201.237 ***						201.237 ***		
Wald F test[②]	127.994			—			127.994		
Sargan test	0.008（0.9270）						0.058（0.8101）		

注：1. ＊＊表示在 5% 水平上显著相关，＊＊＊表示在 1% 水平上显著相关；2. 括号内的结果是 Sargan 检验的 P 值，下同；3. 经济增长模型和协调发展模型采用了工具变量法进行回归估计，科技进步模型是固定效应模型回归估计。

---

① 为了保持整体研究的结构，此处未列出固定效应、随机效应和混合效应的选择过程和检验结果，有需要的，可与笔者联系。

② Cragg-Donald Wald F 检验的临界值：10% maximal IV size——19.93，15% maximal IV size——11.59，20% maximal IV size——8.75，25% maximal IV size——7.25。

经济增长模型中 Res、Joi、IUR 的 P 值均为 0.000，且估计系数分别为 0.239、0.302 和 0.402，说明在 1% 的显著水平上，科学研究子系统有序度、交互子系统有序度和产学研协同创新系统协同度均对区域经济增长有显著正向效应，即它们都能正向促进区域经济增长，这与预期相符，即 H3 – 1a 得到验证；然而，企业子系统估计系数为 – 0.103，且在 5% 水平上影响显著，这一结果出乎意料，H3 – 1b 未得到验证。

科技进步模型中 Res 和 IUR 在 5% 水平上显著影响区域科技进步，估计系数分别为 0.450 和 0.376，说明是正向影响区域科技进步，H3 – 2a 得到验证，而 Ind 和 Joi 对区域科技进步的影响虽然为正（$\beta_{21} = 0.010$，$\beta_{23} = 0.278$），但均不显著。即便如此，Res 的估计系数依然是大于 Ind 和 Joi 的系数（0.450 > 0.278 > 0.010），故 H3 – 2b 得到验证。

协调发展模型中 Res、Joi 和 IUR 三个变量的估计系数分别为 0.202、0.219 和 0.437，且 P 值均小于 0.01，说明这三个变量在 1% 水平上对区域经济与科技协调发展有正向影响，H3 – 3a 得到验证；企业子系统有序度却负向影响区域经济与科技协调发展（$\beta_{31} = -0.046$），但不显著；在三个子系统中，交互子系统对区域经济与科技协调发展的影响程度最大（0.219 > 0.202 > – 0.046），故 H3 – 3b 得到部分验证。

基于以上对产学研协同创新对区域经济增长、科技进步及经济与科技协调发展的影响的静态实证分析，可以得出产学研协同创新对区域经济增长与科技进步及其协调发展的影响关系，如图 6.1 所示。

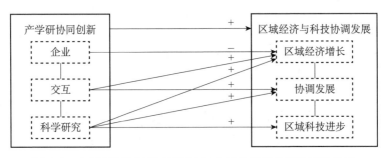

图 6.1　产学研协同创新对区域经济与科技协调发展的影响关系

6.3.3　三大地区静态模型估计

考虑到东中西部的发展水平及区域禀赋，本章采用工具变量法分别对三大地区产学研协同创新对区域经济与科技协调发展的静态关系展开分析，依然选择IUR 的滞后一期和滞后二期作为工具变量进行两阶段最小二乘法（2SLS）的回归分析，其结果如表 6.3 所示。

表 6.3　　　　　　　　　三大地区工具变量回归估计结果

（a）东部地区

解释变量	经济增长模型			科技进步模型			协调发展模型		
	估计系数	z 值	P 值	估计系数	z 值	P 值	估计系数	z 值	P 值
Ind	−0.146*	−1.71	0.088	−0.060	−0.39	0.694	−0.067	−0.90	0.369
Res	0.222***	3.32	0.001	0.010	0.08	0.935	0.147**	2.51	0.012
Joi	0.305***	5.59	0.000	0.330	3.40	0.001	0.192***	4.01	0.000
IUR	0.384***	4.70	0.002	0.063	0.43	0.665	0.346***	4.85	0.000
Gov	−0.346***	−3.04	0.000	−0.609***	−3.00	0.003	−0.436***	−4.38	0.000
Active	0.017***	5.96	0.000	0.063	12.37	0.000	0.026***	10.24	0.000
R^2	0.6262			0.6792			0.7184		
F 值	46.58***			57.05***			69.03***		
LR test	111.559***			111.559***			111.559***		
Wald F test	75.881			75.881			75.881		
Sargan test	0.300（0.5838）			0.685（0.4079）			0.772（0.3798）		

（b）中部地区

解释变量	经济增长模型			科技进步模型			协调发展模型		
	估计系数	z 值	P 值	估计系数	t 值	P 值	估计系数	z 值	P 值
Ind	−0.048	−0.51	0.610	0.034	0.16	0.873	0.193	1.02	0.309
Res	0.146	1.19	0.234	−0.395	−0.82	0.437	0.085	0.35	0.729
Joi	0.256	1.17	0.244	−0.143	−1.57	0.156	−0.257	−0.58	0.562
IUR	0.546**	2.02	0.044	0.454	1.29	0.232	0.212**	2.22	0.026
Gov	−0.369**	−2.27	0.023	0.002	0.00	0.997	−0.422	0.036	0.198
Active	0.021***	6.90	0.000	0.095***	5.87	0.000	0.036***	5.83	0.000
R^2	0.5793			0.1343			0.3994		
F 值	29.34***			12.78***			15.42***		
LR test	25.605***			—			25.605***		
Wald F test	13.407			—			13.407		
Sargan test	0.002（0.9665）			—			0.180（0.6715）		

(c) 西部地区

解释变量	经济增长模型			科技进步模型			协调发展模型		
	估计系数	z 值	P 值	估计系数	z 值	P 值	估计系数	z 值	P 值
Ind	−0.076	−0.91	0.363	−0.252	−1.50	0.133	−0.131	−1.42	0.156
Res	0.460***	2.98	0.003	0.749**	2.41	0.016	0.542***	3.17	0.002
Joi	0.195	1.50	0.133	0.807***	3.09	0.002	0.317**	2.20	0.028
IUR	0.390***	4.15	0.000	0.238	1.26	0.209	0.383***	3.67	0.000
Gov	−0.077	−1.64	0.101	−0.034	−0.36	0.717	−0.065	−1.23	0.217
Active	0.019***	7.41	0.000	0.039***	7.51	0.000	0.025***	8.70	0.000
R^2	0.6427			0.5848			0.6861		
F 值	32.08***			24.82***			38.65***		
LR test	54.510***			54.510***			54.510***		
Wald F test	32.914			32.914			32.914		
Sargan test	0.046 (0.8309)			0.221 (0.6385)			0.094 (0.7590)		

注：1. **表示在5%水平上显著相关，***表示在1%水平上显著相关；

　　2. 括号内的结果是 Sargan 检验的 P 值。

从表6.3回归结果可以看出，除了中部地区的科技进步模型，三个地区的其他模型均通过工具变量的检验，所选择的工具变量是有效的。对于中部地区的科技进步模型，根据固定效应、随机效应和混合效应的检验结果①，最终选择混合效应进行回归分析。

从表6.3（a）可以看出，东部地区在经济增长模型和协调发展模型中，Res、Joi、IUR 均表现出显著的正向影响，而在科技进步模型中，虽然都呈现正向影响，但均不显著；Ind 在三个模型中均表现出负向影响，但只有在经济增长模型中的表现是显著的。这说明东部地区的产学研协同创新及其科学研究子系统、交互子系统对经济增长、科技进步和经济与科技协调发展有正向影响，且对经济增长、经济与科技协调发展的影响是显著的；企业子系统对东部地区的经济增长有显著的负向影响。两个控制变量，Gov 在三个模型中均表现出显著的负向影响，Active 则表现出正向影响（经济增长模型和协调发展模型中显著为正），说明政府干预对东部地区的经济增长、科技进步和经济与科技协调发展呈现出显著的消极作用，而市场活跃度则表现出显著的积极影响。

---

① 为了保持整体研究的结构，此处未列出固定效应、随机效应和混合效应的选择过程和检验结果，有需要的，可与笔者联系。

从表 6.3（b）可以看出，中部地区在经济增长模型和协调发展模型中，IUR 表现出显著的正向作用，Ind、Res、Joi 在三个模型中均表现出或正或负的影响，但都不显著。这说明产学研协同创新对中部地区的区域经济增长、经济与科技协调发展有显著的促进作用。在控制变量中，Gov 在经济增长模型中表现出显著的负向影响，在科技进步模型中表现出不显著的正向影响，在协调发展模型中表现出不显著的负向影响；Active 则在三个模型中均表现出显著的正向影响。这说明政府干预对中部地区的经济增长有显著的抑制效应，市场活跃度对中部地区的经济增长、科技进步、经济与科技协调发展有显著的促进效应。

从表 6.3（c）可以看出，西部地区 Res、Joi、IUR 在三个模型中均表现出正向影响，其中 Res 的影响都显著，Joi 在科技进步模型和协调发展模型中的影响显著，IUR 在经济增长模型和协调发展模型中的影响显著；Ind 在三个模型中均表现出不显著的负向影响；控制变量 Gov 在三个模型均表现出不显著的负向影响，Active 则都表现出显著的正向影响。这说明科学研究子系统对西部地区的经济增长、科技进步、经济与科技协调发展都有显著的促进作用，交互子系统对科技进步、经济与科技协调发展有显著的促进作用，产学研协同创新对西部地区的经济增长、经济与科技协调发展有显著的促进作用，市场活跃度对西部地区的经济增长、科技进步、经济与科技协调发展都有显著的促进作用。

6.4　结果分析与讨论

6.4.1　研究结论

产学研协同创新对区域经济增长与科技进步及其协调发展均有显著正向影响，但产学研协同创新中的三类创新主体在其中所发挥的具体作用有所不同：对于区域经济增长以及经济增长与科技进步协调发展，企业与学研机构的交互起着主导作用，同时，学研机构也扮演着重要角色；对于区域科技进步，学研机构则发挥着主导作用；对于三个因变量，政府支持作为控制变量表现出负向影响，而市场活跃度则表现出正向影响。

第一，产学研协同创新对区域经济增长、科技进步和经济与科技协调发展都有显著的促进作用，且对经济与科技协调发展促进作用最大，其次是对经济增长的影响，对科技进步的促进作用最小。科学研究子系统对区域经济增长、科技进步和经济与科技协调发展都表现出积极的正向影响，且对科技进步的影响作用最大。交互子系统对区域经济增长、经济与科技协调发展有显著积极影响，且对经济增长的影响更大，而对科技进步虽有正向影响但不显著。企业子系统对区域经济增长和经济与科技协调发展表现出负向影响，且对经济增长的影响是显著的，同时对科技进步表现出不显著的正向影响。也就是说，企业不仅没有直接激活市场发挥作用，反而存在一定的抑制效应，这一结果出乎意料，但也并非难以理解。

第二，政府干预对经济增长、科技进步和经济与科技协调发展存在负向影响，这也间接说明政府可以从提供良好的政策环境方面进行支持，但不能对产学研协同创新的过程进行干预，否则可能会产生反作用，尤其是在科技进步方面，更应该减少政府干预。市场活跃度对经济增长、科技进步和经济与科技协调发展都有显著的正向促进作用，说明市场活跃度越高，越有利于经济增长、科技进步以及经济与科技协调发展。因此，无论是政府还是企业、科研机构，在产学研协同创新过程中均应该想方设法提高市场活跃度。

第三，对东中西三大地区而言，产学研协同创新均能促进当地区域经济增长和区域经济与科技协调发展，其中，在对区域经济增长的影响中，中部地区的影响程度最大，然后是西部地区，东部地区的影响程度最小；在对经济与科技协调发展的影响中，西部地区的影响程度最大，然后是东部地区，最后是中部地区。此外，市场活跃度对三大地区的经济增长、科技进步和经济与科技协调发展都存在积极影响，在对经济增长的影响中，其影响程度由大到小分别是中部地区、西部地区和东部地区；在对科技进步和经济与科技协调发展的影响中，影响程度最大的是中部地区，然后是东部地区，最后是西部地区。

6.4.2 分析与讨论

在三个模型中，市场活跃度均表现出显著的正向影响，且对区域科技进步的正向影响最大。然而，政府干预均表现出显著的负向影响，且对区域科技进步的负向影响最大。这说明市场活跃度对区域经济增长、科技进步和经济与科技协调发展均有正向影响，而政府干预则有负向影响，且两者都对区域科技进步的影响最大。接下来将着重分析其原因并提出可行性建议。

6.4.2.1　政府角色分析

政府在产学研协同创新对区域经济与科技协调发展的运行机制中起着重要的推动作用，是形成其推动机制的重要主体，这一点已在其作用机制中进行了详细分析和说明。然而静态分析的结果却出乎意料，其原因可能有以下几个方面：第一，政府在市场资源配置中的作用和职责表现在保持宏观经济稳定、加强和优化公共服务与市场监管、防止市场失灵等方面（黄文川，2013）；第二，在产学研协同创新过程中，政府可以通过政策、税收优惠、制度建设等方面进行支持，但是这种支持对产学研协同创新的效果会受企业自身吸收能力和产学研联系紧密度的影响（陈怀超等，2020）；第三，政府在产学研协同创新中的引导方式也会直接影响产学研协同创新项目的成功与否（张在群，2013）。

在产学研协同创新实施中，政府可以出台政策、提供平台和创造环境，但在具体执行中应该充分交给市场，减少政府干预。同时，在促进区域科技进步中，应从提高区域的科学研究水平着手；在促进经济增长以及经济与科技协调发展中，应该以产学研协同创新协同度为切入点，通过经济与科技协调发展实现经济增长，逐渐缓解经济增长与科技进步的失衡现状，缓解经济增长与科技进步"两张皮"现象。

政府在产学研协同创新中扮演辅助角色，首先，政策为产学研协同创新提供政策支持，搭建产学研协同创新平台，为产学研协同创新的实施营造良好的宏观环境；其次，政府从各方主体获得财政收入，积累经济财富，完成了科技进步推动经济增长的目标，同时为了使科技进步满足经济增长的需求，政府需对财政收入进行二次分配。由产学研协同创新对区域经济与科技协调发展的影响实证结果可以看出，企业与学研机构的交互作用对其促进作用最大，因此，政府可以适当为企业与学研机构的交互提供更多的政策或平台，促进双方的信息交流与合作，实现区域科技进步与经济增长及其协调发展的同步发展。但从前面实证结果中还发现，政府在产学研协同创新中表现出一定的负向影响，而市场活跃度表现出明显的积极影响，因此，政府不能在产学研协同创新过程中进行过多的干预，应充分发挥市场机制的作用。在产学研协同创新联盟中，政府要找准自身的角色定位和作用，例如，对西部地区而言，其产学研协同创新水平还很弱，政府需要加大其引导和推动作用；对东部地区而言，其产学研协同创新水平已经处于比较协同或高度协同阶段，若其已进入良性循环，政府应建立退出机制（曹霞等，2017），逐渐形成产学研协同创新和经济与科技协调发展闭环循环系统。

6.4.2.2　企业市场主导地位分析

（1）企业未在产学研协同创新中发挥积极作用的原因。在第3章的企业引导机制中明显可以看出企业是对接和激活市场的重要创新主体，然而，由第5章的静态关系分析结果可知，企业子系统对区域经济增长和经济与科技协调发展都表现出负向影响，对区域科技进步表现出不显著的正向影响，这与市场经济体制中企业是激活市场、促进经济和科技发展的主体的观点显然是矛盾的。一方面，从第4章产学研协同创新系统的协同度分析中已经发现，企业子系统对产学研协同创新协同度存在一定影响，但其影响程度远不如科学研究子系统和交互子系统明显，尤其是后者。再结合本章产学研协同创新系统协同度在三个模型中的影响结果可以认为，企业子系统有序度对经济增长和经济与科技协调发展的影响，是通过产学研协同创新内部机制而产生的。另一方面，企业绩效促进经济增长是毋庸置疑的，然而，我国现行市场经济体制还不够完善，企业的市场主导地位还需要进一步的提高。基于此，本章从以下两方面着重分析这一现象。

第一，企业与区域经济增长表现出了负向关系这一结论可能的原因是与区域发展水平、企业性质、企业的市场活力等因素有关。郝颖等（2014）的研究表明在不同经济规模地区，企业的投资方向对经济增长质量表现出不同的效用，同时他们还认为在高水平的经济发展地区，民营企业与市场机制匹配时会提升经济增长质量；在低水平经济发展地区，地方国企的投资相较于央企和民企而言则会对经济增长质量有更大的负面影响。除此以外，虽然我国企业有3858万户，占市场主体的32.15%，且民营企业占很大比例①，但根据2019年中国500强企业排行榜，民营企业有235家（占47%），主要集中在北京和东部沿海地区；在500强企业盈利能力方面，除了商业银行和保险公司外，挤入前10名的民营企业是腾讯和阿里巴巴两家互联网企业，而这两家企业的营业收入总和仅占所有500强

---

① 习近平：在企业家座谈会上的讲话［EB/OL］. 新华网，http：//www.xinhuanet.com/2020-07/21/c_1126267575.htm，2020-7-21.

企业的 1.1% 左右[①]。由此可见，民营企业比重虽然不断提高，数量也增长迅速，但是在市场经济发展中还有许多困难和问题，企业的市场活力还需要进一步保护和激发[②]。

第二，民营企业在市场经济体制中的主力军位置还没有完全凸显。基于创新的历史逻辑和国内外实证经验分析，民营企业才是最终实现创新目标的市场主力（邓练兵，2013）。近年来，国家和各省份都在鼓励中小微企业发展，也取得了一定的效果：法人单位数量快速增长，从 1996 年到 2017 年法人单位数量增长了 5 倍，年均增长率 8%，尤其是 2012 ~ 2017 年年均增长率为 15.7%；私营企业数量在 2017 年达到 1436.9 万个，占全部企业数量的 79.4%[③]。2019 年，民营企业进出口总额在我国总进出口总额中的占比达 42.7%[④]。这些数据表明民营企业在单位数量上已经在市场中占有一席之地。然而，民营企业在技术创新中的规模效率和综合效率都还低于各类所有制企业效率的平均值，且与国有企业一样存在研发人员和研发经费的投入冗余（孙晓华等，2013）。除此以外，我国民营企业还普遍存在融资渠道窄、抗风险能力差、管理者素质低、内部管理混乱甚至投机等现象，致使民营企业出现"短寿"和"长不大"现象（王子菁，2018；徐忠伟，2005），无法充分发挥其在市场经济中的重要作用。

（2）激发企业在市场经济中主导地位的建议。我国经过多年的高速发展已然跃升为第二大经济体，为创新高质量提升提供了雄厚的经济基础，对正处于市场经济转型特殊时期的企业而言既是机遇也是挑战。对政府而言，政府要为企业提供良好的宏观政策环境，为企业（尤其是中小微民营企业）提供可持续的融资渠道、优惠的税收政策，增加企业的蓄水池；此外，通过政策引导鼓励大型企业的分支机构建立，打破企业的局地型，尽可能地实现更大范围的覆盖。

在产学研协同创新中，企业对区域经济增长和科技进步及其协调发展的影响主要是通过与学研机构的交互而发挥作用，这进一步验证了产学研协同创新的必要性和重要性。从某种程度或意义上来说，企业分配一定资源与学研机构进行协

---

① 2020 年中国 500 强排行榜（http：//www.860816.com/maricle.asp？id=2351）。

② 新华社：不断激发市场主体活力——学习贯彻习近平总书记在企业家座谈会重要讲话 [EB/OL]. 新华网，http：//www.xinhuanet.com/2020 - 07/22/c_ 1126268099.htm，2020 - 7 - 22.

③ 资料来源：国家统计局官网。

④ 宁吉喆.中国经济再写新篇章（经济形势理性看）[N].人民日报，2020 - 1 - 22.

同创新，相当于企业设立了一个独立机构，这种独立于原企业的机构，对开发破坏性技术进入其他价值网络具有至关重要的作用，甚至能使原本的小型新型企业成为新市场领域的领先企业。相反，若企业（尤其是成熟企业）不参与协同创新而是采取内部独立研发新技术的战略方式，常常会因为企业成本结构和内部资源分配（包括人财物的分配）等因素而失去进入新市场的机会，且随着破坏性技术的应用，企业原有的市场终将被新兴市场攻破或占领（克里斯坦森，2014）。因此，企业需要借助与学研机构的协同创新平台，才能使自身立足于激烈的竞争市场。

对企业而言，首先，客观认知企业自身的内部问题，借助国家政策红利开展业务经营或联盟，利用产学研协同创新发展平台，增强与学研机构的连接，弥补创新能力不足的劣势并激活冗余的创新资源，打造自身的创新链。其次，构建垂直对差异①的高素质管理团队（尤其是高管团队）。在动态产业环境中，垂直对差异的高管团队（尤其是创业型企业的高管团队）更有利于把握新业务产业经营领域的结构设计，而且国有企业在这一方面的优势要优于非国有企业（杨林，2014），借助国有企业现有优势带动非国有企业发展。最后，有针对性地培养瑰宝型首席执行官（CEO），增强组织吸引力，尤其是吸引求职者。在当今的融媒体时代，信息传播速度快，但也容易出现因信息量大而被淹没的现象，因此，培养瑰宝型 CEO，利用"明星效应"和"光环效应"增加求职者接收信息的概率，有利于帮助中小微企业吸引优秀的求职者（纪炀等，2016），补充企业的"智囊团"，解决中小微企业人力资本存量不足的问题。

6.4.2.3 关于学研机构的分析与建议

根据上述分析，学研机构虽然在全国范围内对区域经济增长、科技进步和经济与科技协调发展都存在积极影响，但是在东中西三大地区中，只有西部地区的学研机构对区域经济增长、科技进步和经济与科技协调发展表现出显著的积极影响，东部地区的学研机构对区域经济增长和经济与科技协调发展表现出明显的促进作用。东中西部出现上述情况，其可能原因如下：产学研协同创新过程中，东中西部各创新主体在其中的联结强度处于不同的发展阶段。因为学研机构的学术

---

① 垂直对差异是团队内部的构成和运作状况的反映。

绩效受其与企业的联结强度和产学研合作网络的多因素影响，学研机构忽视和过度依赖产学研协同创新都不利于提升学术绩效（张艺等，2018），产学研合作网络是通过探索性和开发性学习对学术绩效产生作用（张艺等，2018）。因此，东部地区可能处于学研机构和企业的高强度联结阶段，而西部地区则处于非常弱的联结阶段。

学研机构基于企业自身的需求及其提供的市场信息，在科技攻关和人才培养方面更具有针对性。首先，在人才培养方面，学研机构基于市场需求有针对性地培养职业技能型人才，同时根据与企业的交互判断企业内部的人才缺口，培养专门的高端技术型人才；其次，在破坏性技术研发中，学研机构充分利用、调动和整合自身不同学科的人员和高精尖的仪器设备与拥有市场动态信息的企业人员展开破坏性技术攻关和新市场挖掘，不断刺激学研机构中的基础研究，促使新知识、新技能的产生，推动区域科技进步。

6.5　本章小结

本章首先从理论上分析了区域产学研协同创新对区域经济增长、科技进步及区域经济与科技协调发展的影响，并提出相应假设；其次应用计量经济学理论、个体固定效应模型和 Stata MP 软件，对研究假设进行了静态实证检验；最后基于实证检验结果，得出产学研协同创新对区域经济增长与科技进步及其协调发展的影响关系，并在此基础上提出一些有针对性的建议。

第 7 章　产学研协同创新对区域经济与科技协调发展的动态分析

第 6 章从静态视角分析了产学研协同创新对区域经济与科技协调发展的影响关系，但静态分析只能体现出在某个固定时点的结果，并不能体现出前因变量与后果变量的动态关系。而产学研协同创新和区域经济与科技协调发展关系在时间维度上是存在动态关系的，如本轮产学研协同创新对区域经济与科技协调发展有作用，但区域经济与科技协调发展还会对下一轮的产学研协同创新产生影响，从而形成一个相互促进的过程，探讨这一动态过程对揭秘产学研协同创新对区域经济与科技协调发展的影响关系有重要作用。在互相促进的过程中，所有变量都属于对方的内生变量，目前，在计量经济学中面板向量自回归（panel vector autoregression，PVAR）模型是解释这一关系最适合的模型。因此本章将从动态视角应用面板向量自回归模型对它们的关系做进一步的研究，以更深入地揭示产学研协同创新对区域经济与科技协调发展的作用机制。

7.1　模型设定及相关检验

7.1.1　模型设定

本章采用的样本数据是面板数据，面板数据模型相对于截面数据和时间序列数据有更大的样本容量，这不仅可以解决普遍存在的遗漏变量问题，还可以提供更多个体动态行为信息（陈强，2014），在这方面，向量自回归模型（vector autoregression，VAR）在解决多变量关系及预测结果方面有其独特的优势（沈悦等，2012）。张伯伦（Chamberlain，1983）结合了面板数据和 VAR

模型的特点研究并构建了面板向量自回归模型。经过学者们（Pesaran et al.，1995；McCoskey et al.，1998；Hayakawa et al.，2019）进一步改进和拓展，PVAR 模型已成为当前分析面板数据非常有优势的成熟的模型。它不仅能分析个体异质性，还能通过脉冲响应和方差分解分析变量间的动态和贡献关系，为处理短面板数据提供了有力的工具，已得到广泛应用（虞晓雯等，2014；Koop et al.，2019；Abrigo et al.，2016；尚洪涛等，2020）。PVAR 模型的一般形式如式（7.1）所示：

$$Y_{it} = \alpha_0 + \sum_{j=1}^{p} \beta_j Y_{i,t-j} + \sum_{j=0}^{p} \varphi_j X_{i,t-j} + \mu_i + \gamma_t + \varepsilon_{it} \qquad (7.1)$$

其中，i 表示不同个体，即各省份，t 表示考察期，p 表示滞后阶数，α_0 表示截距，Y 表示内生解释变量，X 表示严格外生变量，μ_i 和 γ_t 分别表示个体效应和时点效应，ε_{it} 表示随机扰动项。从式（7.1）中可以看出，PVAR 模型引入的时间效应 γ_t 和个体效应 μ_i 能够捕捉不同截面和个体异质性的冲击。若所有变量均为内生变量，则式（7.1）就变为如下形式：

$$Y_{it} = \alpha_0 + \beta_1 Y_{i,t-1} + \beta_2 Y_{i,t-2} + \cdots + \beta_p Y_{i,t-p} + \mu_i + \gamma_t + \varepsilon_{it} \qquad (7.2)$$

式（7.2）中各符号含义同式（7.1）。若式（7.2）中各变量是原序列可以表示变量的发展水平。人们在应用 PVAR 模型分析变量关系时，重点关注的是脉冲响应函数分析和方差分解，而不是对应变量的系数大小或正负（马慧慧，2016）。因此，本章在接下来的分析中，也将重点分析脉冲响应函数和方差分解。

7.1.2　最优滞后阶数确定

在进行 PVAR 模型分析前，需要对要研究的变量进行平稳性检验，由于本章所涉及的变量均已在第 6 章通过平稳性检验，故在此不再进行检验。

滞后阶数是 PVAR 模型分析的关键，直接影响后续检验结果。依据 AIC、BIC 和 HQIC 最小准则，并参考连玉君[①]提供的 pvar2 程序用 Stata MP 软件确定最优滞后阶数，如表 7.1 所示。

从表 7.1 中可以看出，在全国范围的最优滞后阶数确定内，经济增长水平模型中，AIC、BIC 和 HQIC 准则下均是滞后 3 期值最小，故构建经济增长水平 PVAR（3）模型；科技进步水平模型中，AIC、BIC 和 HQIC 准则下均是滞后 3

---

①　参考连玉君的研究成果《Stata 论文专题集》。

表7.1　不同地区模型最优滞后阶数确定

地区	滞后期	经济增长模型 (IUR 和 EG)			科技进步模型 (IUR 和 ST)			协调发展模型 (IUR 和 Syn)		
		AIC	BIC	HQIC	AIC	BIC	HQIC	AIC	BIC	HQIC
全国	1	-9.0686	-8.4877	-8.8393	-3.9212	-3.3403	-3.6919	-8.1174	-7.5365	-7.8881
	2	-9.2639	-8.6126	-9.0062	-4.3667	-3.7154	-4.1090	-8.4449	-7.7936	-8.1871
	3	-9.3683	-8.6381*	-9.0784*	-4.4817*	-3.7515*	-4.1919*	-8.5287*	-7.7986*	-8.2389*
	4	-8.9931	-8.1739	-8.6669	-4.4351	-3.6160	-4.1090	-8.4273	-7.6081	-8.1012
	5	-9.4235*	-8.5029	-9.0558	-4.2256	-3.3049	-3.8579	-8.4466	-7.5259	-8.0789
	Hansen's J 检验 chi2 (4)	1.6314			4.5310			1.9025		
	P 值	0.803			0.339			0.754		
东部地区	1	-9.2459*	-8.7492*	-9.0445*	-9.2275	-8.7308*	-9.0261*	-10.2366	-9.7400	-10.0352
	2	-9.0417	-8.4467	-8.8002	-9.2349*	-8.6398	-8.9934	-10.3252*	-9.7302*	-10.0837*
	3	-8.0446	-7.3407	-7.7587	-8.9207	-8.2169	-8.6348	-10.2869	-9.5831	-10.0011
	4	-3.6177	-2.7928	-3.2825	-8.6197	-7.7947	-8.2845	-10.1616	-9.3367	-9.8264
	5	-7.2801	-6.3192	-6.8896	-8.0645	-7.1036	-7.6740	-10.268	-9.3070	-9.8775
	Hansen's J 检验 chi2 (4)	2.3269			2.4701			1.8942		
	P 值	0.969			0.650			0.755		
中部地区	1	-9.4205*	-8.9470*	-9.2281*	-3.7431	-3.2697	-3.5507	-7.6567	-7.1833	-7.4643
	2	-8.8501	-8.2648	-8.6123	-3.9443	-3.3591*	-3.7066	-7.9111*	-7.3259*	-7.6734*
	3	-6.2625	-5.5543	-5.9750	-4.0144*	-3.3062	-3.7269*	-7.2493	-6.5411	-6.9618
	4	-5.3557	-4.5114	-5.0134	-3.8475	-3.0031	-3.5052	-4.9210	-4.0767	-4.5787
	5	-3.9384	-2.9423	-3.5354	-3.6130	-2.6169	-3.21	-6.6986	-5.7025	-6.2956
	Hansen's J 检验 chi2 (4)	2.8497			6.4133			2.1660		
	P 值	0.583			0.170			0.705		

续表

地区	滞后期	经济增长模型 (IUR 和 EG)			科技进步模型 (IUR 和 ST)			协调发展模型 (IUR 和 Syn)		
		AIC	BIC	HQIC	AIC	BIC	HQIC	AIC	BIC	HQIC
西部地区	1	-8.3776	-7.9130	-8.1889	-7.3934	-6.9288	-7.2047	-8.6760	-8.2115	-8.4874
	2	-8.6238	-8.0412*	-8.3874*	-7.6570*	-7.0744*	-7.4206*	-8.9716	-8.3891*	-8.7352
	3	-8.6077	-7.8958	-8.3193	-7.6342	-6.9223	-7.3458	-9.0166	-8.3046	-8.7282
	4	-8.3610	-7.5062	-8.0155	-7.3671	-6.5123	-7.0216	-8.8449	-7.9902	-8.4994
	5	-8.6789*	-7.6655	-8.2706	-6.9278	-5.9144	-6.5195	-9.2699*	-8.2564	-8.8616*
Hansen's J 检验	chi2 (4)	1.1407			1.8006			4.0546		
	P 值	0.888			0.772			0.399		

注：＊表示本列是最小的值。

期值最小，确定滞后 3 期为 IUR 和 ST 的 PVAR 模型的最优滞后阶数，即构建科技进步发展水平的 PVAR（3）模型；协调发展模型中，在 AIC、BIC 和 HQIC 三个准则下均选择滞后 3 期，可以构建协调发展 PVAR（3）模型。

同理，各地区构建如下模型：东部地区构建经济增长 PVAR（1）模型、科技进步 PVAR（1）模型和协调发展 PVAR（2）模型；中部地区构建经济增长 PVAR（1）模型、科技进步 PVAR（3）模型和协调发展 PVAR（2）模型；西部地区构建经济增长 PVAR（2）模型、科技进步 PVAR（2）模型和协调发展 PVAR（5）模型。

7.1.3 稳健性检验

模型稳健性是模型在参数改变时是否依然能保持相对一致、稳定的体现，常用模型中所有特征根的倒数的模是否在单位圆内是判断模型稳健性的依据，若所有特征根的倒数的模均小于 1，落在单位圆内，说明模型是稳定的。本章用 Stata MP 软件对构建的各模型进行稳健性检验，结果如图 7.1 所示。

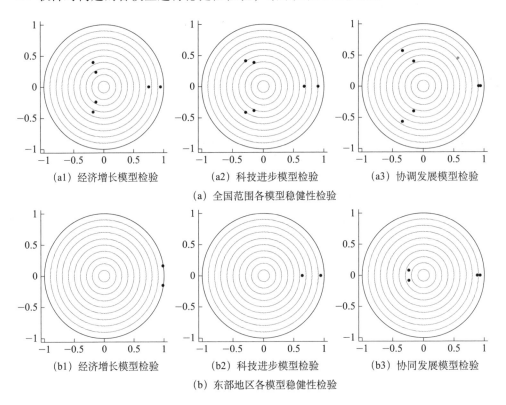

(a1) 经济增长模型检验　　(a2) 科技进步模型检验　　(a3) 协调发展模型检验

(a) 全国范围各模型稳健性检验

(b1) 经济增长模型检验　　(b2) 科技进步模型检验　　(b3) 协同发展模型检验

(b) 东部地区各模型稳健性检验

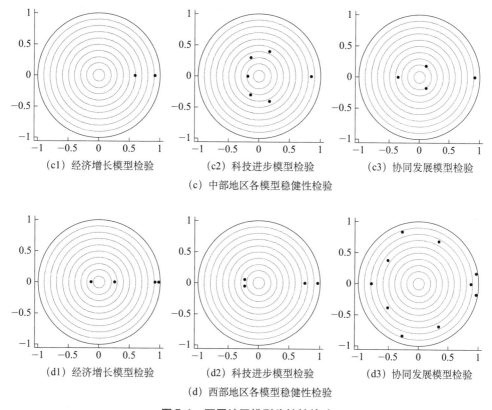

(c1) 经济增长模型检验　　(c2) 科技进步模型检验　　(c3) 协同发展模型检验

(c) 中部地区各模型稳健性检验

(d1) 经济增长模型检验　　(d2) 科技进步模型检验　　(d3) 协同发展模型检验

(d) 西部地区各模型稳健性检验

图7.1　不同地区模型稳健性检验

从图7.1中可以看出，全国、东部地区、中部地区和西部地区所有模型特征根的倒数的模均落在单位圆内①，即三个地区的所有模型都通过了稳健性检验，都是稳健的。

7.2　脉冲响应分析

脉冲响应函数（impulse respond function，IRF）描述的是某个变量受到一个标准差的冲击时，其他变量在未来一定时期受到影响，反映了变量间的动态影响关系。本章用洛夫·I（Love I.，2006）提供的 pvar2 文件借助 Stata MP 软件分别对全国和三大地区的产学研协同创新与经济增长、科技进步及其协调发展的动态

---

① 图7.1（b1）的两个值看似在单位圆边界，但都是小于1的，均为0.993。

关系进行脉冲响应函数分析，其中脉冲响应函数采用蒙特·卡洛（Monte Carlo）方法进行 500 次模拟。

7.2.1 全国脉冲响应分析

全国范围内产学研协同创新和经济增长、科技进步及其协调发展的脉冲响应结果如图 7.2 所示。

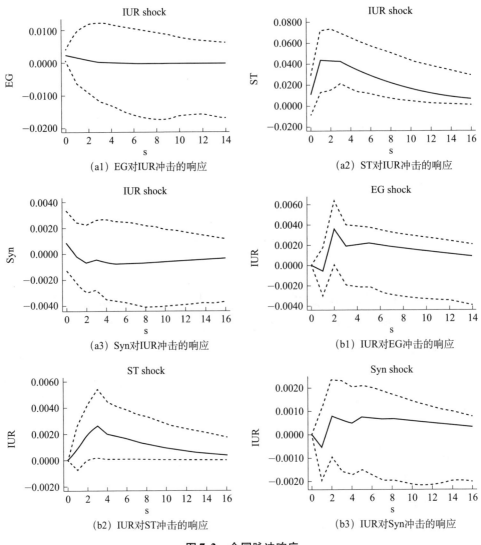

图 7.2　全国脉冲响应

图 7.2（a）和（b）表示全国产学研协同创新和区域经济与科技协调发展的

脉冲响应函数，（a）组表示区域经济增长、科技进步、经济与科技协调发展对产学研协同创新的冲击响应，（b）组表示产学研协同创新对区域经济增长、科技进步、经济与科技协调发展的冲击响应。

图 7.2（a1）表示 EG 对 IUR 冲击时的响应，在当期和前 3 期，EG 的响应均为正向响应，且在当期响应最大，之后开始下降，并在第 4 期开始基本收敛于 0；（b1）表示当给 EG 一个标准差冲击时，IUR 在当期的响应为 0，在第 1 期为负且达到最低，第 2 期开始由负变正且为正向最大，在第 3 ~ 5 期，响应程度略有波动，之后开始逐渐向零线趋近。以上分析说明：产学研协同创新水平在短期内能够促进经济增长水平发展，但长期效果不明显；同时，经济增长对产学研协同创新在短期内存在一定的负向影响，但很快就会表现出正向影响且一直持续，说明经济增长在长期内积极促进产学研协同创新发展。

从图 7.2（a2）中可以看出，当 IUR 受到一个标准差的冲击时，ST 的响应程度一直大于 0，且在第 1 期达到最大，最后逐渐趋于 0，说明产学研协同创新对科技进步有长期和短期的正向影响，且短期影响更加明显；图 6.5（b2）显示 IUR 对 ST 冲击的响应一直为正，且在第 3 期达到最大，最终逐渐正向趋于 0，说明科技进步对产学研协同创新在短期和长期内均存在正向影响。

图 7.2（a3）和（b3）是协调发展模型的脉冲响应函数，（a3）中显示当给 IUR 一个标准差的冲击时，Syn 在当期的响应最大且为正，然后开始下降，之后又逐渐趋近于 0；（b3）中显示当 Syn 受到冲击时，IUR 当期响应为 0，之后开始下降为负，并在第 1 期时达到最小，第 2 期时又上升到最大且为正，之后一直大于 0，但在第 2 ~ 5 期出现微小波动，从第 6 期开始又出现稳步下降并逐渐收敛于 0。以上结果表明：产学研协同创新对当期的经济与科技协调发展有正向影响；而经济与科技协调发展对产学研协同创新在当期无影响，在第 1 期有负向影响，但从第 2 期开始便出现持续的正向影响，说明经济与科技协调发展对产学研协同创新有长期的促进作用。

7.2.2　东部地区脉冲响应分析

东部地区产学研协同创新和经济增长、科技进步及其协调发展的脉冲响应结果如图 7.3 所示。

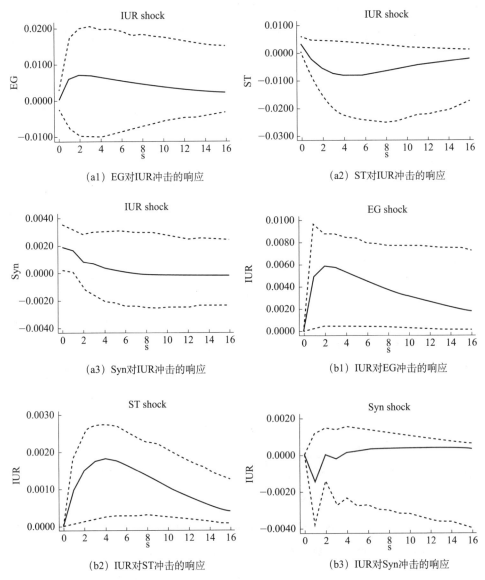

图7.3 东部地区脉冲响应图

从图7.3（a1）可以看出，当 IUR 受到冲击时，其 EG 的响应变化曲线在整个响应期的响应程度一直大于0，且在第0～2期的响应程度逐渐增加，第2期之后开始逐渐下降，到第16期以后逐渐收敛于0。（b1）中东部地区 IUR 面对 EG 的冲击时呈现正向响应，且在第0～2期响应程度递增并在第2期达到最大，之后逐渐递减且递减速度先快后慢，整个响应期类似抛物线。这说明东部地区的产学研协同创新和其经济增长互为促进，并都表现出短期和长期的积极影响。

图 7.3（a2）表示当 IUR 受到冲击时，ST 在当期的响应为正，但之后开始转为负向响应，且在第 4 期前后达到最低，随着期数增加，负向响应程度变小并逐渐趋向于 0；（b2）表示当给 ST 一定冲击时，IUR 则一直呈现明显的正向响应，其响应趋势呈抛物线形状并在第 4 期达到顶点。这说明在东部地区，产学研协同创新对科技进步在短期内存在正向影响而长期内却表现出微弱的负向影响，其科技进步对其产学研协同创新则存在短期和长期的积极影响。

图 7.3（a3）表示当 IUR 受到冲击时，东部地区的 Syn 在当期即表现出较大的正向响应，随着期数增加，又呈现下降趋势且下降速度由快到慢，第 7 期开始响应由正变负，但基本在零线附近；（b3）表示东部地区 IUR 对 Syn 冲击的响应，IUR 面对 Syn 冲击时在第 0 ~ 3 期呈现不平稳的负向响应，在第 4 期 IUR 的响应开始由负变正，之后基本以稳定状态保持正向响应。这说明东部地区的产学研协同创新对经济与科技协调发展存在短期的积极影响，经济与科技协调发展对东部地区产学研协同创新存在短期的负向效应及长期的正向效应。

7.2.3　中部地区脉冲响应分析

中部地区产学研协同创新和经济增长、科技进步及经济与科技协调发展的脉冲响应结果如图 7.4 所示。

从图 7.4（a1）可以看出，在中部地区，当 IUR 受到冲击时，其 EG 的响应变化曲线在整个响应期的响应均大于 0，且在第 0 ~ 2 期的响应程度逐渐增加，第 2 期之后开始逐渐下降，到第 16 期以后逐渐收敛于 0；（b1）显示中部地区 IUR 面对 EG 的冲击时都呈现正向响应，且在第 0 ~ 2 期响应程度递增并在第 2 期达到最大，之后逐渐递减且递减速度先快后慢，整个响应期类似抛物线。由此可见，中部地区的产学研协同创新和其经济增长是相互促进的，均表现出短期和长期的积极影响。

图 7.4（a2）显示，中部地区 ST 对 IUR 的冲击在整个预测期数内均呈现正向响应，且在第 0 ~ 1 期响应程度逐渐上升，在第 1 期达到最大后开始逐渐下降，直到第 15 期基本收敛于 0；（b2）显示，当中部地区的 ST 受到一个标准差的冲击时，IUR 在当期响应基本为 0，之后也呈现类似抛物线形状且在第 3 期达到最

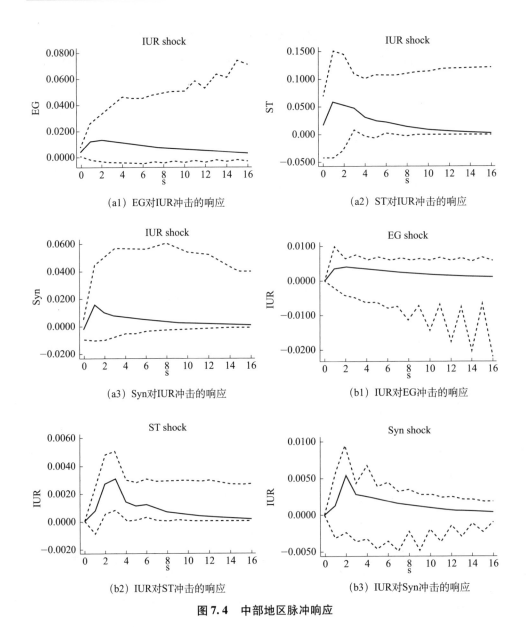

图7.4 中部地区脉冲响应

大，在第15期基本收敛于0。由此可以看出，中部地区的产学研协同创新和其科技进步在短期和长期内都是相互促进的。

图7.4（a3）显示，在中部地区，当给 IUR 一个标准差的冲击时，Syn 在整个预测期内一直呈现正向响应，且在第1期达到最大，第10期之后开始变得平缓，并于第14期基本收敛于0；（b2）显示 IUR 面对 Syn 的冲击在预测期内一直

呈现正向响应,在第 0~2 期响应程度逐渐增强,并在第 2 期达到最大,之后又开始下降并逐渐收敛于 0。由此可见,中部地区的产学研协同创新和经济与科技协调发展在短期和长期内都是相互促进的。

7.2.4　西部地区脉冲响应分析

西部地区产学研协同创新和经济增长、科技进步及经济与科技协调发展的脉冲响应结果如图 7.5 所示。

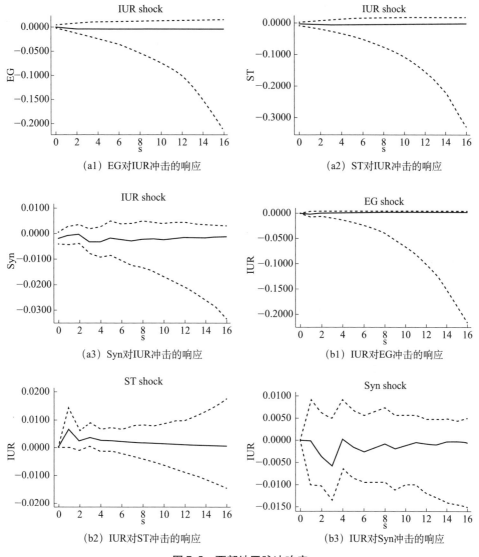

图 7.5　西部地区脉冲响应

从图 7.5（a1）可以看出，西部地区 EG 面对 IUR 的冲击时，响应曲线基本为 0；（b1）显示，IUR 面对 EG 冲击的响应也不明显，在整个预测期基本处于零线水平。由此可见，西部地区的产学研协同创新和其经济增长均未表现出明显的短期或长期作用。

图 7.5（a2）显示，ST 对 IUR 冲击的响应趋势线基本与零线重合，且没有较大浮动；（b2）显示，当给 ST 一个标准差的冲击时，IUR 响应在当期表现为 0，且在前 4 期呈现高低交错的情形，约在第 10 期收敛于 0。由此可以得出，西部地区的产学研协同创新对其科技进步的影响微乎其微，而科技进步对其产学研协同创新却存在短期和长期的促进作用。

图 7.5（a3）显示，当给西部地区 IUR 一个标准差的冲击时，其 Syn 在整个预测期内一直呈现出负向响应，在第 0～2 期内负向影响逐渐变小，在第 3 期又变大，且在第 4 期负向响应最大，之后又开始逐渐减小并收敛于 0。（b3）显示，当 Syn 受到冲击时，IUR 的响应呈现波动的负向影响，且在第 3 期达到最小。由此可见，西部地区产学研协同创新对经济与科技协调发展表现出短期和长期的消极影响，且经济与科技协调发展对其产学研协同创新也存在不稳定的微小的负向效应。

7.3 方差解释分析

脉冲响应函数分析展示了产学研协同创新和经济增长、科技进步及其协调发展度的动态关系，但并不能准确表明彼此间的贡献程度，方差解释分析可以弥补这一不足。方差分解结果如图 7.6 所示。

由图 7.6 可以发现如下信息。

（1）不同地区产学研协同创新与经济增长关系对比。图 7.6 的（a）组显示不同地区 IUR 和 EG 的关系，从中可以发现不同地区的解释程度层次分明：（a1）中三大地区和全国范围内 EG 对 IUR 的解释程度差异非常明显，东部地区 EG 对 IUR 解释程度最高（约 24.6%），其次是中部地区（约 17.3%）和全国（约 6.3%），最后是西部地区（约 1.9%）；（a2）中 IUR 对 EG 的解释程度中中部地区是遥遥领先的（约 35.3%），其次是东部地区（约 17.6%）和西部地区（约

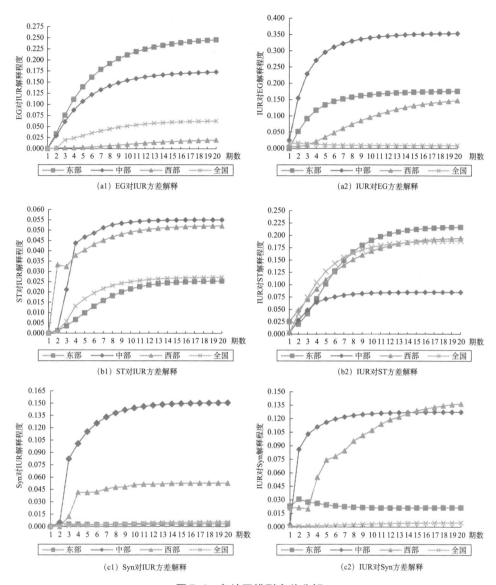

图 7.6　各地区模型方差分解

14.7%），而全国 IUR 对 EG 解释程度在预测期内基本呈稳定趋势（约 0.9%）。此外，从（a2）中还可以发现西部地区在前 3 期的解释程度低于全国水平，但在第 3 期之后迅速增长，直逼东部地区。

（2）不同地区产学研协同创新与其科技进步的关系对比。图 7.6 的（b）组显示，三大地区和全国中 ST 和 IUR 对彼此的解释程度趋势非常相似，其变化速度均呈先快后慢最终维持平稳。不同之处在于：第一，解释程度开始趋于平稳时的时间（即期数）不同，在（b）组的两个图中，中部地区的解释程度均最先变得平稳，都是大约在第 7 期；东部地区和全国的解释程度大约在第 14 期趋于稳定，西部地区大约在第 17 期趋于稳定；第二，最终的解释程度不同，（b1）中 ST 对 IUR 的解释程度最高的是中部地区（约 5.5%），其次是西部地区（约 5.2%）和全国范围（约 2.7%），最低的是东部地区（约 2.5%）；（b2）中 IUR 对 ST 最终解释程度最高的依然是东部地区（约 21.7%），接下来依次是西部地区（约 19.4%）、全国（约 18.9%）和中部地区（约 8.5%）。

（3）不同地区产学研协同创新和经济增长与科技进步协同度的关系比较。图 7.6 的（c）组显示了不同地区 Syn 和 IUR 对彼此的解释程度，从（c1）中可以发现：中部地区 Syn 对 IUR 的最终解释程度最高，为 15.1%，其次是西部地区为 5.3%，东部地区和全国分别为 0.35% 和 0.57%；中部地区在第 2 期之后出现骤增并在第 14 期左右基本保持稳定，西部地区在第 2 期之后出现骤增并在第 10 期后基本稳定。（c2）中显示，西部地区 IUR 对 Syn 的解释程度从第 1 期至第 3 期有所降低，但在第 4 期迅速增加，之后一直保持较高增速，在第 15 期赶超中部地区而位列第一（约 13.6%），中部地区 IUR 对 Syn 的解释程度在前 3 期迅速增加，最后在第 9 期基本维持稳定（约 12.74%），而东部地区的解释程度在前 3 期出现微小波动后基本维持在 2.14% 左右，全国的解释程度未出现大的波动基本维持在 0.5%。

7.4　结果分析与讨论

7.4.1　研究结论

通过以上对全国和三大地区产学研协同创新分别与科技进步、经济增长及其协调发展的动态分析可以发现，它们之间存在明显的地区特征，且不同地区变量间的关系比较复杂，具体可以得出以下结论。

（1）产学研协同创新和经济增长存在短期的正相关关系。首先，关于产学研协同创新对经济增长的影响，东部地区和中部地区均表现出短期和长期的积极影响，全国产学研协同创新对经济增长的长期促进作用不明显，但西部地区的短期和长期影响均不明显。其次，关于经济增长对产学研协同创新的影响，东部地区和中部地区在短期和长期均呈现积极影响；全国在短期内出现了负向影响，但在长期内呈正向影响；西部地区的影响依然不明显。最后，通过图7.7（a）还发现，在东部地区和全国分析中，经济增长对产学研协同创新的解释程度高于产学研协同创新对经济增长的解释程度，而中部地区和西部地区却出现产学研协同创新对经济增长的解释程度高于经济增长对产学研协同创新的解释程度，换言之，中部地区和西部地区产学研协同创新对经济增长的影响大于经济增长对该地区产学研协同创新的影响，而东部地区和全国则与之相反。

（2）产学研协同创新和科技进步之间存在正相关关系，但不同地区的相关性存在一定差异。首先，关于产学研协同创新对科技进步的影响，东部地区表现出短期的正向影响；中部地区与全国表现出相似的关系，即短期和长期均存在正向影响；西部地区影响不明显。其次，关于科技进步对产学研协同创新的影响，三大地区和全国均表现出短期和长期的正相关关系。最后，产学研协同创新对科技进步的解释程度均高于科技进步对产学研协同创新的解释程度 [见图7.7（b）]，

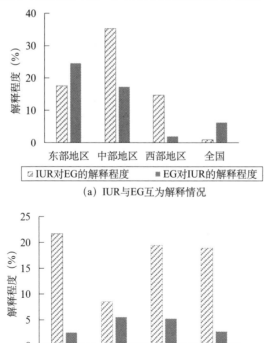

（a）IUR与EG互为解释情况

（b）IUR与ST互为解释情况

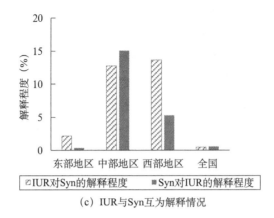

（c）IUR与Syn互为解释情况

图7.7 IUR分别与ST、EG、Syn之间互为解释程度

也就是说产学研协同创新对科技进步的影响远大于科技进步对产学研协同创新的影响。

（3）产学研协同创新和经济与科技协调发展的关系。首先，关于产学研协同创新对经济与科技协调发展的影响：中部地区表现出短期和长期的促进作用，东部地区表现出短期的促进作用，而西部地区则一直表现出负向影响。其次，关于经济与科技协调发展对产学研协同创新的影响：东部地区出现与全国相同的趋势，即存在长期促进作用，而短期内出现了抑制效应；中部地区则自始至终存在促进作用，西部地区的影响不明显。最后，从图7.7（c）可以看出，东部和西部地区产学研协同创新对经济与科技协调发展的解释程度均高于经济与科技协调发展对产学研协同创新的解释程度，中部地区则与之相反，而全国范围内两者间的互相解释程度存在微小差别，说明产学研协同创新在东部和西部地区能在更大程度上解释该区域的经济与科技协调发展，尤其是西部地区。

7.4.2 分析与讨论

根据上述结论，东中西三大地区的产学研协同创新和经济增长、科技进步及其协调发展间的关系体现出明显的区域特征，这与三个地区的发展水平、资源禀赋以及基础设施建设等有密切关系。但是，在政府的区域战略发展中，西部大开发、中原经济区建设等发展中西部战略实施几年后，中部地区的产学研协同创新对其经济增长、科技进步及其协调发展均表现出明显的短期和长期作用，而西部地区的产学研协同创新和经济增长、科技进步及其协调水平虽然在提升，但它们之间并未表现出显著的积极影响，甚至产学研协同创新和经济与科技协调发展还出现微弱的抑制作用，这显然与预期不相符。之所以出现这样的情况，原因可能有以下两个方面。

第一，中西部作为东部产业转移的承接方，就西部地区而言，虽然引入了一些企业，但并未形成产业，还无法有效整合当地资源使其形成完整且完善的产业链，更何况产业转移还有其自身的空间演化规律。而对中部地区而言，在空间距离上相比西部地区已经占据承接产业转移的优势，自身原有资源基础就比西部地区丰富。

第二，产业链的形成离不开人力资本，改革开放以来，人才东流是东部地区经济与科技得以快速发展的重要因素，经济与科技的发展成果会吸引更多的人才，从而使东部地区进入良性循环，同时也导致中西部地区的恶性循环。然而在高质量发展时期，东部地区的人才也面临着个人竞争压力和生活压力的问题，于是出现了近些年的人口回流现象。在同样的条件下，中部地区本身拥有比西部地区更多的人口优势就凸显出来，中部地区相比西部地区更能吸引回流人才。

7.5　本章小结

本章应用面板数据模型、Stata MP 和 EViews 10.0 软件，对产学研协同创新和（不同区域）经济增长与科技进步及其协调发展的关系进行了动态分析（主要包括脉冲响应函数分析和方差分析）。一方面，以 2001～2017 年我国 29 个省份作为样本数据进行产学研协同创新水平与经济增长、科技进步及其协调发展的发展水平和增长速度的动态分析；另一方面，根据东部、中部和西部经济地区的划分，对三大地区及全国产学研协同创新和经济与科技协调发展的关系进行了对比分析，并对以上分析的结果进行了总结。

第8章　总结与展望

本章首先对本书的研究工作和研究结论进行了总结，其次针对研究结论提出可行性建议，最后指出本书的不足之处，并对未来的研究进行了初步展望。

8.1　研究结论及理论贡献

8.1.1　研究结论

本书主要开展了以下研究工作，并得到了如下研究结论。

第一，构建了一套系统的产学研协同创新测评体系，包括产学研协同创新的评价指标体系、测评模型的构建与选取、协同发展类型的判断标准（包括协同等级划分及基本特性）等。运用该测评体系对我国 29 个省份进行了产学研协同创新测评。

第二，构建了系统的区域经济与科技协调发展测评体系。该理论体系中涉及经济增长与科技进步两大内容的测度问题（即科技进步综合指数和经济增长综合指数），其中科技进步综合指数是根据国家科技部发布的数据，经济增长综合指数是本书测度的内容，包括经济增长综合评价指标体系（包括经济增长数量和经济增长质量）、综合指数计算方法等；运用协同度模型对区域经济与科技协调发展进行测评，形成完整的区域经济与科技协调发展测评理论体系。

第三，在区域产学研协同创新研究中发现，对于我国区域产学研协同创新（系统协同度），我国绝大部分省份的产学研协同创新已经处于比较协同或高度协同水平，少数省份处于比较不协同或极不协同水平，并且处于不同水平的省份表现出明显的区域特征。产学研协同创新水平越高，其发展趋势越平稳，反之则波动越频繁。此外，有的地区三个子系统层次分明，有的则旗鼓相当；有的属于科学研究领先型，有的属于交互系统领先型，有的则属于企业领先发展型，而且交互系统是产学研协同创新发展的关键。

第四，我国大部分省份的经济与科技协调发展水平处于比较不协同和基本协同两个类别，仅有极个别省份达到比较协同状态（北京、上海、广东），但无论是从东部、中部和西部三大区域，还是各个省份的经济与科技协调发展趋势来看，其协调发展水平都在不断提高。

第五，在静态分析中发现，产学研协同创新对区域科技进步、经济增长以及其协调发展都存在显著的正向影响，且对经济与科技协调发展的促进作用最大，然后是对经济增长的影响，对科技进步的促进作用最小；除此之外，研究还发现，科学研究子系统对区域经济增长、科技进步和经济与科技协调发展都表现出积极的正向影响，且对科技进步的影响作用最大；交互子系统对区域经济增长、经济与科技协调发展有显著积极影响，且对经济增长的影响更大，而对科技进步虽有正向影响但不显著；企业子系统对区域经济增长和经济与科技协调发展表现出负向影响，且对经济增长的影响是显著的，同时对科技进步表现出不显著的正向影响。

第六，在动态分析中发现，产学研协同创新和科技进步之间在短期内不仅互相促进且保持着长期正相关关系；产学研协同创新对经济增长、经济与科技协调发展具有短期的促进作用，但经济增长、经济与科技协调发展对产学研协同创新具有长期的促进作用。东中西三大地区的产学研协同创新和区域经济与科技协调发展的动态关系存在明显的差异，如东部地区的产学研协同创新对其经济增长在短期和长期内均存在促进效应，对科技进步、经济与科技协调发展存在短期促进效应；中部地区的产学研协同创新对经济增长、科技进步及其协调发展水平均存在短期和长期的促进作用；就西部地区而言，只有科技进步对产学研协同创新表现出短期和长期的积极影响，其他均未表现出明显的作用，甚至产学研协同创新和经济与科技协调发展还表现出微弱的抑制效应。

第七，产学研协同创新和经济增长、科技进步及其协调发展间的贡献程度：（1）产学研协同创新是实现科技进步的重要手段。产学研协同创新对东部地区、西部地区和全国的科技进步贡献度都超过了18%，对中部地区的科技进步贡献度为 8.5%；相反，科技进步对产学研协同创新的贡献度却都很低，最高的是中部地区约 5.5%。(2) 经济基础依然是实施产学研协同创新的前提。东部地区经济增长对产学研协同创新的贡献度高于产学研协同创新对经济增长的贡献度。(3) 东部地区和西部地区产学研协同创新对经济与科技协调发展的贡献度远远大于经济与科技协调发展对产学研协同创新的贡献度，而中部地区则相反，全国的产学研协同创新和经济与科技协调发展的相互贡献度旗鼓相当。

8.1.2　理论贡献

本书的理论贡献如下。

第一，本书从理论上分析了区域产学研协同创新的测评体系，即从产学研协同创新的投入、过程和产出三个环节对其规模大小、绩效水平和投入产出等进行测评。然而，考虑到测评方法的可操作性和现实约束，最终构建了基于耦合协同度模型的区域产学研协同创新的测评体系。该测评体系的构建不仅为今后区域产学研协同创新理论的发展和完善提供了新的、可行的思路，而且为区域逐层打造创新极、形成区域创新池、落实区域创新战略提供了有益的理论指导。

第二，本书构建的区域经济与科技协调发展测评体系，不仅完善了前人侧重数量的区域经济增长测评体系，还丰富了区域经济与科技协调发展的理论基础，为经济科技一体化的实现提供了理论指导。

第三，本书构建的产学研协同创新对区域经济与科技协调发展的影响模型，丰富了产学研协同创新理论和区域创新系统理论，并在一定程度上揭示了产学研协同创新对区域经济与科技协调发展影响机制的"黑箱"，从而为构建基于产学研协同创新的区域经济与科技协调发展理论提供了理论基础。

8.2　管理启示

8.2.1　产学研协同创新发展建议

根据前面产学研协同创新发展情况和判别标准，各省政府要先掌握本省产学研协同创新所处的协同等级及其特性，针对不同产学研协同发展类型，可以参考以下建议。

第一，若本省产学研协同创新处于基本协同、比较不协同或极度不协同状态，可考虑当前状态下优先发展交互子系统。这主要是基于以下考虑：首先，与国家宏观战略环境保持步调一致，充分利用国家政策红利；其次，根据本书第 3 章的研究结论，交互子系统与产学研协同创新系统正相关关系更为明显，因此，优先提高交互子系统的发展水平，可以更快地提高区产学研协同发展水平，然后再利用产学研协同发展的红利反哺企业子系统和科学研究子系统，实现各子系统的均衡与协调发展。

第二，若本省产学研协同创新等级属于比较协同或高度协同，可分以下两种情况考虑促进产学研协同发展和提高产学研协同创新系统技术经济效果的对策：第一种情况，交互子系统在三个子系统中保持较高的发展水平或呈现持续增高的态势，说明当前的宏观环境是有利于产学研协同创新可持续发展的，应继续保持或使其更上一层楼，并充分利用产学研协同创新的带动效应，反哺企业子系统和科学研究子系统，以实现各子系统的平衡发展；第二种情况，交互子系统在三个子系统中的协同水平最低且递增现象不明显，这时应重点关注交互子系统的提高和发展，这样才有利于产学研协同创新系统的可持续发展。

总而言之，产学研协同创新系统中交互子系统始终是发展产学研协同创新政策的关键点，这正好与国家实施协同创新战略的着手点——增加企业和学研机构的交互频率一脉相承。

8.2.2　基于产学研协同创新的区域经济与科技协调发展建议

从第 6 章静态分析中可以发现，产学研协同创新对区域经济增长与科技进步及其协同度均有显著的促进作用，但在第 7 章的动态分析中也发现，它们之间在不同区域存在不同的短期或长期的影响，具有明显的区域异质性。因此，对不同区域，可以参考以下作用机制提升区域经济增长与科技进步及其协同度水平。

8.2.2.1　东部地区发展建议

对东部地区而言，其经济增长和科技进步水平相对比较高，经济基础雄厚，这是东部地区的现有优势，因此，一方面，可以投入更多的创新资金刺激企业与学研机构的交互作用促进产学研协同创新的发展，以实现领先技术突破；另一方面，可以利用直接和间接两种途径的作用机制，既利用东部地区产学研协同创新发展在短期内对经济与科技协调发展的直接促进作用机制，也利用产学研协同创新分别对科技进步和经济增长的促进作用间接地实现经济与科技协调发展。根据第 6 章东部地区脉冲响应函数分析和方差分解的动态研究结果，提出东部地区经济与科技协调发展的实现路径，如图 8.1 所示。

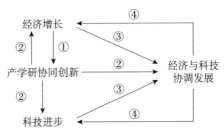

图 8.1　东部地区经济与科技协调发展实现路径

注：相同序号表示在同一时期或同一过程中同步产生作用，不同序号表示先后过程产生作用。

图 8.1 中通过产学研协同创新实现区域经济与科技协调发展的途径主要有两种：一是基于东部地区的经济增长水平增加产学研协同创新的资金投入刺激产学研协同创新发展，直接实现经济与科技协调发展；二是当给予产学研协同创新资金投入时，产学研协同创新同时会对科技进步产生短期的促进作用，对经济增长产生短期和长期的促进作用，进而间接促进经济与科技协调发展，最后经济与科技协调发展再实现新一轮的协同发展。

8.2.2.2　中部地区发展建议

中部地区的产学研协同创新、经济增长和科技进步水平均处于中等水平，很难单独依靠经济投入推动产学研协同创新从而实现经济与科技协调发展，需要结合政府的政策指导。此外，在中部地区的动态分析中发现，中部地区产学研协同创新对经济与科技协调发展虽然存在短期和长期的促进作用，但其贡献程度不是最高的，而对科技进步的影响中不仅有长期和短期的正向影响，贡献程度也比较高，因此，可以借助对科技进步的作用快速实现经济与科技协调发展。基于此，本书构建了实现中部地区经济与科技协调发展的实现路径，如图 8.2 所示。

在中部地区，经济增长对产学研协同创新的经济投入结合产学研协同创新政策共同施加作用实现产学研协同创新发展；产学研协同创新经过短期和长期内对科技进步产生正向影响，从而实现经济与科技协调发展，之后经济与科技协调发展再经过产学研协同创新对经济增长产生短期的促进作用。

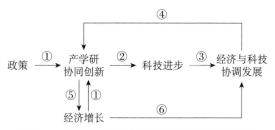

图 8.2　中部地区经济与科技协调发展实现路径

注：相同序号表示在同一时期或同一过程中同步产生作用，不同序号表示先后过程产生作用。

8.2.2.3　西部地区发展建议

从第 6 章的分析中可以看到，在西部地区，产学研协同创新对经济增长和科技进步及协调发展都有较高的贡献率，且产学研协同创新对经济增长和科技进步及协调发展的贡献率也高于它们对产学研协同创新的贡献率。这充分说明产学研协同创新是实现西部地区科技与经济协同发展的有效手段，可以形成产学研协同创新支点，在这点上应该达成一致。而西部地区经济增长对产学研协同创新的贡献程度却非常低，因此，可以考虑发挥产学研协同创新支点的杠杆效应，充分利用产学研协同创新对科技进步和经济与科技协调发展的贡献，通"曲线救区"的方式，撬动西部地区经济发展。

在认识到产学研协同创新对西部地区发展的重要性的同时，也要承认西部地区的各项指标基本都处于较低水平甚至落后水平，再加上其没有优势的自然环境因素，致使无法吸引和留住优秀人才和企业等各种资源，约束了产学研协同创新的实施。根据区域创新系统理论观点，政府承担着建设区域创新环境的重要职能，扮演着创新环境塑造者的角色，在西部地区产学研协同创新不能充分发挥在市场中的作用的现状下，政府需要通过一系列政策手段加以推动，其作用路径如图 8.3 所示。

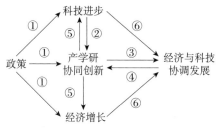

图 8.3　西部地区经济与科技协调发展实现路径

注：相同序号表示在同一时期或同一过程中同步产生作用，不同序号表示先后过程产生作用。

从图 8.3 可以看出，政府要在产学研协同创新、科技进步和经济增长三方面同时给予政策指导。基于经济增长在同期对产学研协同创新的影响不明显，而科技进步对产学研协同创新存在明显的长短期促进效应，同时利用西部地区产学研协同创新对其经济与科技协调发展的高贡献率实现第一轮的发展，之后再利用经济与科技协调发展对产学研协同创新的贡献实现科技进步和经济增长的提升，第二轮实现经济与科技协调发展。

8.2.2.4　不同地区政策制定的注意点

根据中国产学研协同创新政策在改革开放以来的演化历程，在中国处于产学研协同创新重点突破期的大环境下，东部、中部、西部地区产学研协同创新政策的未来演化阶段也类推为四个阶段：初步探索、缓慢发展、快速发展和重点突破（刘瑞等，2016）。为了维持不同地区产学研协同创新的可持续发展，国家需要出台或制定战略发展等引导性政策，且这些政策在各地区产学研协同创新发展方面不仅在长远发展方面有时间的可持续性、发展的衔接性和政策的连贯性，而且在短期内对现有的和潜在的创新资源（如人才和企业等）实施的人才引进政策或吸引企业投资政策方面要有配套性和保障性。

东部地区各方面都处于领先水平，基本处于快速发展阶段。根据前面东部地区作用机制，应充分调动东部地区市场经济的优势，尽量让"看不见的手"发挥作用。中部地区还处于缓慢发展阶段，需要产学研协同创新政策方面的大力支持，因此需要"看得见的手"和"看不见的手"相互结合。西部地区各方面都处于落后水平，应以初步探索阶段的视角观察，需要以"看得见的手"为主，且要在经济、科技、产学研三方面都进行政策支持。对于西部地区实施的政策力度要格外优越于其他地区的吸引性和保障性政策，才有可能吸引和留住各种创新资源，弥补西部地区客观环境存在的缺陷。

8.3　局限之处与研究展望

本书虽然在有关理论与实践问题研究方面取得了一些有价值的研究成果，但由于多种客观条件与主观因素的制约，也存在一些不足之处：一方面，在产学研协同创新对区域经济与科技协调发展的静态分析时，中部地区的 ST 变量在 5%

显著水平上仅通过了 LLC 一种单位根检验，在后续的工具变量法的内生性问题中也未通过检验，最终选择了混合模型的结果，在此情况下，使其与东部和西部地区的同类型模型进行比较分析，其可比性方面难免会存在一定偏差。另一方面，在全国和东中西三大地区的静态分析中，产学研协同创新系统中的企业子系统表现出负向影响，这一结果与预期不符，这可能与企业的性质、企业内部管理有密切关系，希望在今后的研究中着重从这些方面进行深入的研究。

针对本书存在的以上不足，考虑到各地区的区域异质性，将在今后的研究中尝试构建不同的模型来加以弥补。同时，将在深入挖掘各省份独特之处的基础上，建立包含区域特征的数学模型，以期为区域和国家的产学研协同创新发展、经济与科技协调发展提高做出有价值的理论贡献，提出更科学、更实用的可行性建议和对策。

此外，在对三大经济区的对比分析中发现，西部地区的产学研协同创新和经济与科技协调发展的关系令人费解：该地区产学研协同创新对经济与科技协调发展在短期和长期内均表现出抑制作用，但产学研协同创新却能在一定程度上解释经济与科技协调发展，这是一个很有趣的发现。相对于西部地区的研究，学者们往往更倾向于选择东部和中部地区，尤其是东部沿海地区，因而关于该现象也不能排除中间因素、调节因素或其他有待进一步探讨的因素的存在，这也是一个值得关注和深入研究的课题。

附表一 产学研协同创新各子系统有序度测评结果

(a) 企业子系统有序度

省份	2001 年	2002 年	2003 年	2004 年	2005 年	2006 年	2007 年	2008 年	2009 年	2010 年	2011 年	2012 年	2013 年	2014 年	2015 年	2016 年	2017 年
北京	0.349	0.322	0.263	0.283	0.268	0.257	0.374	0.354	0.372	0.301	0.301	0.306	0.300	0.302	0.296	0.278	0.272
天津	0.311	0.311	0.318	0.324	0.292	0.284	0.281	0.263	0.261	0.246	0.269	0.252	0.256	0.250	0.300	0.238	0.243
河北	0.242	0.235	0.220	0.280	0.235	0.231	0.235	0.259	0.242	0.237	0.242	0.241	0.238	0.247	0.239	0.236	0.232
山西	0.242	0.282	0.227	0.292	0.266	0.261	0.243	0.269	0.261	0.224	0.237	0.224	0.229	0.225	0.227	0.217	0.219
内蒙古	0.239	0.277	0.217	0.232	0.229	0.261	0.244	0.238	0.264	0.230	0.231	0.224	0.219	0.221	0.217	0.219	0.219
辽宁	0.286	0.264	0.244	0.366	0.278	0.287	0.353	0.347	0.338	0.325	0.344	0.355	0.316	0.307	0.334	0.355	0.353
吉林	0.231	0.277	0.226	0.249	0.238	0.232	0.231	0.227	0.262	0.234	0.249	0.261	0.250	0.243	0.236	0.241	0.248
黑龙江	0.313	0.317	0.229	0.332	0.290	0.352	0.335	0.353	0.349	0.317	0.352	0.342	0.349	0.348	0.334	0.306	0.283
上海	0.354	0.368	0.319	0.327	0.327	0.334	0.327	0.304	0.290	0.287	0.307	0.325	0.267	0.307	0.281	0.285	0.291
江苏	0.352	0.326	0.332	0.305	0.285	0.283	0.341	0.353	0.339	0.314	0.357	0.360	0.351	0.355	0.352	0.336	0.300
浙江	0.264	0.258	0.275	0.271	0.278	0.279	0.277	0.266	0.300	0.273	0.289	0.269	0.267	0.259	0.263	0.253	0.241

续表

省份	2001 年	2002 年	2003 年	2004 年	2005 年	2006 年	2007 年	2008 年	2009 年	2010 年	2011 年	2012 年	2013 年	2014 年	2015 年	2016 年	2017 年
安徽	0.225	0.237	0.228	0.244	0.282	0.230	0.238	0.259	0.286	0.320	0.289	0.258	0.251	0.258	0.253	0.267	0.26
福建	0.275	0.284	0.302	0.286	0.279	0.271	0.270	0.253	0.254	0.244	0.245	0.238	0.234	0.230	0.234	0.245	0.234
江西	0.307	0.305	0.220	0.266	0.274	0.297	0.314	0.306	0.329	0.297	0.304	0.249	0.245	0.269	0.238	0.229	0.235
山东	0.280	0.282	0.268	0.281	0.272	0.259	0.281	0.269	0.280	0.269	0.267	0.259	0.250	0.247	0.257	0.252	0.248
河南	0.240	0.242	0.229	0.237	0.236	0.240	0.243	0.245	0.263	0.267	0.247	0.237	0.257	0.260	0.257	0.244	0.241
湖北	0.234	0.258	0.224	0.298	0.260	0.256	0.253	0.252	0.273	0.254	0.261	0.259	0.254	0.246	0.240	0.275	0.274
湖南	0.295	0.274	0.228	0.241	0.336	0.298	0.230	0.282	0.247	0.277	0.276	0.247	0.276	0.268	0.252	0.268	0.256
广东	0.456	0.439	0.459	0.446	0.467	0.462	0.464	0.464	0.466	0.468	0.465	0.437	0.429	0.429	0.442	0.462	0.466
广西	0.248	0.259	0.221	0.278	0.234	0.271	0.228	0.232	0.252	0.260	0.240	0.247	0.230	0.237	0.234	0.233	0.239
海南	0.218	0.217	0.216	0.218	0.216	0.224	0.222	0.216	0.218	0.240	0.255	0.228	0.227	0.230	0.233	0.246	0.236
重庆	0.263	0.297	0.224	0.271	0.274	0.240	0.264	0.255	0.254	0.267	0.261	0.247	0.233	0.233	0.241	0.235	0.244
四川	0.321	0.299	0.239	0.273	0.308	0.282	0.259	0.270	0.267	0.315	0.307	0.298	0.251	0.258	0.290	0.286	0.293
贵州	0.351	0.344	0.228	0.299	0.295	0.307	0.267	0.291	0.294	0.324	0.293	0.282	0.287	0.267	0.298	0.264	0.265
云南	0.282	0.270	0.235	0.272	0.289	0.275	0.250	0.238	0.251	0.245	0.252	0.248	0.252	0.245	0.241	0.233	0.23
陕西	0.257	0.316	0.219	0.286	0.364	0.294	0.362	0.353	0.356	0.337	0.323	0.341	0.342	0.347	0.349	0.342	0.347
甘肃	0.287	0.283	0.226	0.340	0.251	0.310	0.249	0.291	0.285	0.353	0.308	0.275	0.245	0.244	0.240	0.251	0.243
宁夏	0.247	0.243	0.220	0.282	0.248	0.227	0.245	0.250	0.240	0.247	0.268	0.250	0.252	0.245	0.224	0.231	0.241
新疆	0.232	0.264	0.352	0.216	0.334	0.228	0.224	0.239	0.230	0.216	0.215	0.317	0.286	0.254	0.242	0.228	0.223

（b）科学研究子系统有序度

省份	2001年	2002年	2003年	2004年	2005年	2006年	2007年	2008年	2009年	2010年	2011年	2012年	2013年	2014年	2015年	2016年	2017年
北京	0.523	0.513	0.514	0.485	0.521	0.518	0.517	0.543	0.526	0.531	0.497	0.508	0.522	0.519	0.446	0.485	0.465
天津	0.376	0.388	0.386	0.403	0.371	0.373	0.379	0.378	0.349	0.364	0.360	0.358	0.360	0.343	0.341	0.358	0.357
河北	0.337	0.330	0.345	0.377	0.364	0.357	0.375	0.371	0.336	0.352	0.348	0.349	0.358	0.347	0.340	0.339	0.333
山西	0.337	0.324	0.336	0.355	0.358	0.342	0.350	0.361	0.322	0.338	0.327	0.338	0.341	0.349	0.354	0.367	0.373
内蒙古	0.317	0.326	0.332	0.323	0.333	0.319	0.329	0.338	0.319	0.321	0.321	0.330	0.338	0.329	0.330	0.337	0.331
辽宁	0.369	0.342	0.377	0.395	0.431	0.420	0.418	0.391	0.379	0.378	0.363	0.372	0.361	0.370	0.356	0.362	0.381
吉林	0.350	0.409	0.346	0.382	0.373	0.353	0.357	0.364	0.329	0.347	0.346	0.366	0.360	0.363	0.342	0.353	0.366
黑龙江	0.351	0.374	0.348	0.333	0.375	0.368	0.414	0.426	0.353	0.382	0.392	0.386	0.382	0.378	0.380	0.373	0.376
上海	0.406	0.400	0.439	0.508	0.516	0.501	0.474	0.478	0.404	0.450	0.432	0.408	0.406	0.399	0.359	0.398	0.348
江苏	0.379	0.349	0.397	0.497	0.464	0.443	0.480	0.506	0.424	0.453	0.474	0.501	0.522	0.532	0.478	0.517	0.544
浙江	0.369	0.355	0.386	0.429	0.433	0.422	0.462	0.478	0.420	0.449	0.421	0.436	0.434	0.443	0.427	0.451	0.437
安徽	0.350	0.337	0.362	0.359	0.410	0.376	0.395	0.413	0.381	0.421	0.397	0.434	0.432	0.439	0.445	0.379	0.373
福建	0.357	0.345	0.339	0.339	0.352	0.339	0.359	0.361	0.378	0.362	0.356	0.372	0.386	0.405	0.463	0.362	0.369
江西	0.315	0.311	0.320	0.342	0.326	0.332	0.363	0.362	0.313	0.321	0.323	0.327	0.327	0.337	0.341	0.341	0.354
山东	0.404	0.377	0.406	0.441	0.492	0.431	0.422	0.416	0.431	0.385	0.384	0.386	0.393	0.400	0.401	0.382	0.456
河南	0.325	0.320	0.330	0.362	0.373	0.395	0.398	0.385	0.352	0.351	0.347	0.358	0.361	0.368	0.359	0.373	0.393
湖北	0.399	0.369	0.375	0.426	0.428	0.429	0.422	0.399	0.358	0.370	0.356	0.375	0.375	0.370	0.358	0.388	0.391
湖南	0.343	0.330	0.366	0.390	0.377	0.358	0.384	0.380	0.363	0.360	0.347	0.367	0.365	0.399	0.358	0.384	0.372
广东	0.417	0.385	0.401	0.433	0.399	0.393	0.418	0.419	0.395	0.407	0.370	0.388	0.390	0.397	0.383	0.381	0.367

续表

省份	2001 年	2002 年	2003 年	2004 年	2005 年	2006 年	2007 年	2008 年	2009 年	2010 年	2011 年	2012 年	2013 年	2014 年	2015 年	2016 年	2017 年
广西	0.323	0.329	0.322	0.366	0.334	0.332	0.336	0.347	0.318	0.338	0.330	0.350	0.346	0.363	0.370	0.376	0.364
海南	0.343	0.367	0.367	0.358	0.370	0.369	0.366	0.353	0.346	0.349	0.370	0.393	0.347	0.337	0.327	0.358	0.368
重庆	0.345	0.332	0.356	0.364	0.351	0.351	0.367	0.382	0.384	0.405	0.381	0.373	0.359	0.373	0.383	0.374	0.378
四川	0.321	0.318	0.303	0.323	0.322	0.319	0.339	0.357	0.321	0.330	0.333	0.329	0.350	0.356	0.346	0.382	0.384
贵州	0.366	0.350	0.355	0.351	0.366	0.339	0.350	0.360	0.367	0.368	0.359	0.369	0.370	0.373	0.371	0.374	0.362
云南	0.335	0.331	0.336	0.340	0.335	0.327	0.334	0.348	0.341	0.354	0.353	0.376	0.352	0.352	0.356	0.362	0.357
陕西	0.260	0.259	0.313	0.436	0.369	0.377	0.414	0.390	0.347	0.354	0.348	0.336	0.371	0.375	0.369	0.396	0.397
甘肃	0.344	0.344	0.354	0.345	0.355	0.344	0.355	0.366	0.350	0.353	0.344	0.347	0.353	0.360	0.350	0.358	0.353
宁夏	0.329	0.348	0.331	0.349	0.334	0.327	0.350	0.363	0.330	0.355	0.359	0.341	0.363	0.353	0.343	0.353	0.365
新疆	0.333	0.325	0.332	0.343	0.327	0.320	0.342	0.348	0.328	0.340	0.338	0.350	0.337	0.344	0.336	0.353	0.355

(c) 交互子系统有序度

省份	2001 年	2002 年	2003 年	2004 年	2005 年	2006 年	2007 年	2008 年	2009 年	2010 年	2011 年	2012 年	2013 年	2014 年	2015 年	2016 年	2017 年
北京	0.635	0.667	0.667	0.667	0.667	0.667	0.667	0.667	0.661	0.667	0.667	0.666	0.666	0.666	0.666	0.666	0.666
天津	0.134	0.094	0.081	0.084	0.077	0.062	0.066	0.072	0.120	0.136	0.131	0.156	0.176	0.208	0.175	0.154	0.129
河北	0.036	0.041	0.039	0.050	0.043	0.040	0.034	0.039	0.040	0.036	0.036	0.033	0.024	0.037	0.032	0.037	0.038
山西	0.016	0.016	0.025	0.035	0.020	0.019	0.015	0.024	0.039	0.037	0.036	0.038	0.033	0.033	0.039	0.023	0.023
内蒙古	0.001	0.006	0.005	0.005	0.007	0.007	0.007	0.007	0.006	0.010	0.008	0.005	0.014	0.008	0.007	0.008	0.005
辽宁	0.199	0.137	0.132	0.166	0.145	0.178	0.191	0.197	0.228	0.196	0.196	0.226	0.200	0.197	0.173	0.175	0.172
吉林	0.044	0.052	0.041	0.046	0.044	0.047	0.046	0.047	0.054	0.055	0.048	0.057	0.036	0.053	0.043	0.039	0.041

续表

省份	2001年	2002年	2003年	2004年	2005年	2006年	2007年	2008年	2009年	2010年	2011年	2012年	2013年	2014年	2015年	2016年	2017年
黑龙江	0.121	0.075	0.063	0.133	0.068	0.105	0.091	0.083	0.083	0.097	0.099	0.101	0.110	0.134	0.141	0.132	0.114
上海	0.650	0.397	0.500	0.507	0.419	0.396	0.361	0.394	0.356	0.385	0.384	0.344	0.361	0.386	0.380	0.410	0.306
江苏	0.365	0.294	0.285	0.271	0.245	0.309	0.312	0.345	0.433	0.376	0.374	0.382	0.389	0.441	0.440	0.478	0.418
浙江	0.315	0.216	0.217	0.238	0.188	0.219	0.210	0.220	0.206	0.213	0.207	0.225	0.205	0.218	0.241	0.255	0.211
安徽	0.081	0.056	0.053	0.058	0.063	0.057	0.044	0.062	0.065	0.061	0.052	0.071	0.079	0.079	0.084	0.077	0.071
福建	0.043	0.020	0.045	0.040	0.021	0.022	0.020	0.038	0.035	0.030	0.035	0.042	0.046	0.047	0.060	0.063	0.067
江西	0.005	0.009	0.011	0.019	0.022	0.024	0.022	0.024	0.035	0.034	0.031	0.026	0.023	0.023	0.027	0.031	0.032
山东	0.036	0.039	0.053	0.065	0.064	0.064	0.070	0.083	0.092	0.108	0.119	0.133	0.139	0.158	0.169	0.159	0.160
河南	0.019	0.018	0.041	0.038	0.018	0.024	0.034	0.042	0.055	0.056	0.051	0.049	0.051	0.053	0.068	0.073	0.064
湖北	0.215	0.162	0.173	0.182	0.140	0.150	0.167	0.186	0.189	0.210	0.190	0.209	0.229	0.253	0.272	0.250	0.236
湖南	0.092	0.067	0.077	0.092	0.084	0.078	0.083	0.101	0.101	0.110	0.106	0.130	0.125	0.110	0.116	0.109	0.098
广东	0.119	0.100	0.098	0.109	0.090	0.110	0.128	0.126	0.157	0.156	0.157	0.177	0.191	0.242	0.260	0.333	0.271
广西	0.014	0.010	0.012	0.016	0.012	0.011	0.015	0.015	0.025	0.022	0.025	0.025	0.026	0.030	0.030	0.029	0.030
海南	0.000	0.000	0.000	0.000	0.000	0.000	0.000	0.001	0.001	0.003	0.000	0.000	0.002	0.001	0.002	0.002	0.003
重庆	0.044	0.039	0.040	0.050	0.042	0.063	0.058	0.054	0.082	0.026	0.087	0.092	0.089	0.084	0.095	0.099	0.093
四川	0.114	0.115	0.133	0.116	0.117	0.127	0.173	0.172	0.227	0.235	0.277	0.230	0.211	0.218	0.237	0.229	0.218
贵州	0.001	0.001	0.001	0.002	0.006	0.007	0.009	0.013	0.015	0.013	0.015	0.012	0.014	0.045	0.016	0.017	0.016
云南	0.018	0.015	0.014	0.028	0.014	0.016	0.012	0.035	0.032	0.037	0.030	0.035	0.033	0.031	0.040	0.030	0.030
陕西	0.204	0.170	0.156	0.158	0.159	0.163	0.153	0.176	0.135	0.130	0.134	0.149	0.148	0.194	0.195	0.181	0.156
甘肃	0.023	0.018	0.022	0.033	0.020	0.023	0.030	0.024	0.028	0.037	0.036	0.036	0.024	0.022	0.021	0.031	0.024
宁夏	0.000	0.002	0.000	0.000	0.000	0.000	0.001	0.000	0.000	0.000	0.001	0.002	0.001	0.000	0.001	0.001	0.001
新疆	0.006	0.001	0.006	0.002	0.002	0.001	0.001	0.003	0.003	0.003	0.004	0.004	0.009	0.008	0.005	0.005	0.004

附录二 区域经济增长数量和质量指数

(a) 区域经济增长数量指数（%）

省份	2001年	2002年	2003年	2004年	2005年	2006年	2007年	2008年	2009年	2010年	2011年	2012年	2013年	2014年	2015年	2016年	2017年
北京	36.09	36.09	35.55	33.74	29.97	30.94	36.53	31.88	35.13	35.13	32.67	33.75	34.29	35.47	40.67	44.28	42.36
天津	25.18	23.78	25.48	24.44	24.21	25.98	29.15	36.63	33.59	36.53	34.80	34.95	34.63	36.67	38.58	40.35	32.46
河北	21.16	19.41	22.75	24.57	23.04	24.10	23.56	25.96	25.59	25.82	25.53	26.13	24.57	25.93	25.00	29.94	27.65
山西	14.08	15.54	16.09	18.18	16.48	14.31	18.30	18.84	15.25	19.31	19.24	19.11	17.13	15.61	15.80	18.54	13.26
内蒙古	16.61	19.99	22.37	22.19	21.23	21.24	24.15	27.45	28.19	27.40	29.98	28.52	27.26	31.55	20.77	30.47	19.19
辽宁	23.87	22.36	22.24	22.73	24.69	24.57	25.47	29.32	27.76	31.49	30.20	33.28	30.82	29.56	22.63	10.30	22.96
吉林	15.22	14.73	13.86	13.13	16.88	19.21	20.43	21.39	20.36	20.20	17.92	24.54	17.95	23.16	22.38	26.12	20.43
黑龙江	18.06	14.73	15.11	16.39	15.45	17.06	17.09	19.60	17.38	22.50	19.68	21.97	17.71	13.96	17.43	21.90	20.32
上海	39.24	38.99	39.07	39.85	37.04	36.90	36.18	36.33	35.50	34.90	33.39	30.89	33.11	37.58	40.86	45.61	43.70
江苏	35.28	37.29	40.66	37.64	39.82	39.85	40.27	43.83	45.05	47.59	48.40	48.62	50.05	54.39	56.06	58.69	58.05
浙江	33.38	35.23	37.50	34.04	30.12	32.82	32.40	33.42	33.87	37.45	38.21	38.06	37.50	40.71	43.08	45.84	43.42

续表

省份	2001年	2002年	2003年	2004年	2005年	2006年	2007年	2008年	2009年	2010年	2011年	2012年	2013年	2014年	2015年	2016年	2017年
安徽	15.34	13.50	14.75	16.45	13.31	17.00	18.80	18.48	19.28	22.32	18.26	22.13	22.84	23.96	23.80	28.08	26.80
福建	19.35	19.44	19.88	20.48	18.63	21.17	26.08	22.99	25.33	28.70	28.21	29.99	29.78	33.79	35.90	37.04	37.46
江西	13.42	16.73	15.55	15.14	12.26	12.83	15.15	19.20	17.09	19.76	16.56	17.90	18.58	23.05	23.40	26.49	24.81
山东	32.87	34.67	38.20	36.66	37.59	37.23	35.83	40.93	40.82	40.98	40.90	41.92	42.83	45.96	47.05	48.58	44.98
河南	21.24	18.80	21.52	24.52	24.86	25.02	25.92	26.98	25.05	26.14	24.64	27.18	26.85	30.90	31.86	34.33	33.13
湖北	17.69	14.99	15.71	16.87	14.57	17.54	20.66	22.37	24.69	25.71	26.59	27.42	27.46	31.38	32.90	34.75	32.25
湖南	19.79	16.20	15.72	17.99	15.46	15.99	20.58	22.31	23.53	23.64	25.30	25.18	25.30	29.02	30.29	31.95	29.89
广东	42.09	41.38	44.22	41.99	42.01	42.60	43.74	44.69	43.82	45.69	44.60	43.00	46.24	50.83	52.53	54.68	54.30
广西	12.20	11.53	8.31	14.28	14.92	14.59	15.84	16.30	16.89	20.68	18.50	18.61	18.43	21.11	22.99	24.94	21.39
海南	6.45	7.81	7.55	7.46	6.55	9.35	9.84	15.18	13.90	17.19	17.05	16.82	16.05	18.06	16.78	21.32	20.65
重庆	15.16	15.87	14.29	14.32	12.33	12.95	18.44	18.56	18.67	20.29	21.27	20.92	21.24	26.27	29.14	30.94	28.18
四川	17.75	16.85	17.38	16.64	16.41	17.52	19.57	20.06	25.18	21.20	22.84	25.04	23.98	26.70	26.77	31.20	30.99
贵州	14.57	9.74	9.63	8.75	7.55	10.32	12.85	13.91	14.26	16.80	20.19	20.35	18.22	20.48	21.50	25.09	19.65
云南	10.36	8.84	10.76	12.36	11.36	11.52	12.20	13.86	13.24	14.28	14.83	18.20	19.07	18.29	19.91	23.50	23.14
陕西	14.26	12.76	14.80	13.55	13.01	15.95	19.88	21.31	19.91	21.69	22.22	25.58	24.01	26.03	22.67	28.40	29.52
甘肃	8.68	7.80	9.03	8.83	6.97	9.01	11.11	11.84	11.40	15.22	15.40	15.48	15.35	16.82	11.56	17.54	7.57
宁夏	12.14	8.81	12.17	8.35	5.71	7.44	11.47	16.88	14.92	18.09	16.39	16.43	16.19	17.25	16.69	20.23	18.25
新疆	12.76	10.04	11.91	11.20	11.55	11.59	11.69	14.36	9.87	17.77	20.20	20.25	19.09	21.84	15.78	17.93	22.53

（b）区域经济增长质量指数（%）

省份	2001年	2002年	2003年	2004年	2005年	2006年	2007年	2008年	2009年	2010年	2011年	2012年	2013年	2014年	2015年	2016年	2017年
北京	37.80	38.45	44.19	36.84	46.88	45.10	43.18	48.41	43.26	45.33	46.67	44.36	44.38	44.11	39.07	43.66	43.35
天津	33.02	34.29	35.87	40.73	38.00	37.82	34.72	35.21	34.87	43.67	38.49	35.20	34.68	33.80	28.87	32.77	32.90
河北	18.69	17.95	18.99	22.79	22.55	22.66	19.07	22.17	18.80	24.57	25.43	28.74	27.18	25.58	21.26	33.85	33.39
山西	20.46	17.32	17.92	23.58	21.16	22.38	18.65	22.28	25.11	20.65	26.63	30.81	31.77	23.24	30.12	22.67	30.57
内蒙古	22.97	17.93	19.81	24.67	21.54	18.53	19.08	21.46	20.85	24.65	26.83	29.01	24.55	18.58	23.75	30.48	30.96
辽宁	27.30	27.35	30.35	35.14	32.96	28.77	28.23	28.21	27.81	30.96	32.47	33.10	30.95	30.21	26.31	26.21	24.71
吉林	24.61	20.76	23.49	26.14	21.93	20.63	22.01	22.54	22.39	27.35	27.23	25.39	27.10	25.63	19.43	25.47	24.62
黑龙江	26.14	23.66	24.17	28.66	23.89	24.73	22.88	23.86	23.55	25.30	25.57	29.13	29.67	25.16	20.30	27.57	27.00
上海	49.96	48.50	48.43	51.32	51.05	49.46	50.76	50.39	43.80	47.11	47.65	43.69	40.90	39.50	35.00	38.81	38.44
江苏	26.78	25.57	28.30	32.73	30.54	29.38	29.03	31.27	28.44	31.63	35.34	33.63	34.15	32.55	29.19	32.07	37.95
浙江	29.48	26.50	30.34	34.18	32.18	30.38	28.50	33.84	29.53	33.40	35.66	37.85	41.53	41.47	37.25	40.68	39.54
安徽	17.47	16.65	16.92	22.79	22.11	21.15	20.05	23.31	18.55	22.54	26.69	28.96	29.52	27.75	24.17	26.73	26.95
福建	27.14	23.86	26.46	29.32	26.95	25.44	22.25	29.30	23.87	27.47	32.03	32.17	30.48	29.01	25.46	29.18	35.99
江西	20.78	19.26	19.77	24.71	20.01	19.16	21.33	21.74	20.04	26.36	27.35	21.62	22.53	31.99	23.24	27.88	36.08
山东	24.11	20.41	23.10	25.66	24.57	24.19	23.88	23.93	22.46	25.80	30.24	29.91	30.72	29.95	33.31	36.39	36.58
河南	19.89	19.07	16.29	21.18	17.90	17.15	17.33	19.34	15.86	21.92	24.63	26.11	27.09	25.15	21.25	25.28	36.37
湖北	20.62	21.09	18.60	23.81	20.75	19.41	19.67	23.82	20.95	22.40	28.38	26.85	27.35	26.35	21.25	25.28	32.25
湖南	22.52	16.85	20.70	24.13	20.31	19.90	19.01	19.75	19.94	22.40	24.65	27.31	28.96	26.73	24.83	26.42	33.07
广东	27.09	26.33	28.70	31.97	28.31	26.79	26.90	30.53	29.27	38.15	38.42	39.00	37.52	38.03	34.61	38.23	36.88

续表

省份	2001 年	2002 年	2003 年	2004 年	2005 年	2006 年	2007 年	2008 年	2009 年	2010 年	2011 年	2012 年	2013 年	2014 年	2015 年	2016 年	2017 年
广西	21.57	17.28	16.42	19.98	21.67	18.13	18.72	19.43	17.87	20.72	19.91	22.55	23.17	22.94	19.28	22.53	38.78
海南	22.74	23.29	23.29	26.60	21.96	22.53	22.89	27.42	22.74	26.68	30.09	30.46	31.65	27.90	22.93	26.40	26.40
重庆	19.36	16.44	19.64	25.44	23.39	22.30	18.42	19.82	20.85	28.52	33.34	39.04	37.88	37.43	33.39	36.83	35.89
四川	20.59	16.94	18.29	22.95	19.29	18.19	19.67	21.29	17.51	21.99	22.48	25.01	26.22	25.45	21.55	29.26	32.19
贵州	13.98	17.45	19.88	22.88	18.54	18.96	18.39	16.90	16.09	20.55	23.03	24.70	26.88	26.66	23.55	26.57	22.13
云南	21.83	14.99	17.59	21.92	17.45	15.79	15.68	17.87	15.01	20.12	21.40	23.36	29.69	22.98	18.38	19.94	27.36
陕西	18.66	17.41	16.58	22.07	18.30	16.85	17.23	20.21	18.09	21.01	24.27	23.47	25.72	24.20	20.53	24.16	22.35
甘肃	19.09	17.24	15.75	20.91	16.27	16.23	15.95	18.99	15.27	20.57	18.17	23.50	25.50	22.63	17.44	22.41	32.89
宁夏	22.49	20.27	22.16	26.77	24.70	24.38	22.40	23.02	21.30	22.04	25.51	32.50	34.04	32.33	29.28	32.63	31.35
新疆	24.86	21.29	24.50	27.06	21.82	18.92	21.67	22.26	27.73	25.02	27.00	29.84	30.27	27.26	23.17	25.67	25.67

附录三　区域科技进步评价指标体系

一级指标	二级指标	三级指标	单位
科技创新环境	科技人力资源	万人研究与发展（R&D）人员数	人年
		十万人博士毕业生数	人
		万人大专以上学历人数	人
		万人高等学校在校学生数	人
		十万人创新中介从业人员数	人
	科研物质条件	每名 R&D 人员研发仪器和设备支出	万元
		科学研究和技术服务业新增固定资产占比	%
		十万人累计孵化企业数	个
	科技意识	万名就业人员专利申请数	件
		科学研究和技术服务业平均工资比较系数	%
		万人吸纳技术成交额	万元
		有 R&D 活动的企业占比	%
科技活动投入	科技活动人力投入	万人 R&D 研究人员数	人年
		企业 R&D 研究人员占比	%
	科技活动财力投入	R&D 经费支出与 GDP 比值	%
		地方财政科技支出占地方财政支出比重	%
		企业 R&D 经费支出占主营业务收入比重	%
		企业技术获取和技术改造经费支出占企业主营业务收入比重	%
科技活动产出	科技活动产出水平	万人科技论文数	篇
		获国家级科技成果奖系数	项当量/万人
		万人发明专利拥有量	件
	技术成果市场化	万人输出技术成交额	万元
		万元生产总值技术国际收入	美元

续表

一级指标	二级指标	三级指标	单位
高新技术产业化	高新技术产业化水平	高技术产业增加值占工业增加值比重	%
		知识密集型服务业增加值占生产总值比重	%
		高技术产品出口额占商品出口额比重	%
		新产品销售收入占主营业务收入比重	%
	高新技术产业化效益	高技术产业劳动生产率	万元/人
		高技术产业利润率	%
		知识密集型服务业劳动生产率	万元/人
科技促进经济社会发展	经济发展方式转变	劳动生产率	万元/人
		资本生产率	万元/万元
		综合能耗产出率	元/千克标准煤
		装备制造业区位熵	%
	环境改善	环境质量指数	%
		环境污染治理指数	%
	社会生活信息化	万人国际互联网上网人数	人
		信息传输、软件和信息技术服务业增加值占生产总值比重	%
		电子商务消费占总消费支出比重	%

参考文献

［1］［美］阿瑟·刘易斯. 经济增长理论［M］. 郭金兴，等译. 北京：机械工业出版社，2015.

［2］白俊红，卞元超. 政府支持是否促进了产学研协同创新［J］. 统计研究，2015（11）：43-50.

［3］白俊红，蒋伏心. 协同创新、空间关联与区域创新绩效［J］. 经济研究，2015，50（7）：174-187.

［4］白俊红，王钺，蒋伏心，等. 研发要素流动、空间知识溢出与经济增长［J］. 经济研究，2017，52（7）：109-123.

［5］［美］保罗·萨缪尔森，威廉·诺德豪斯. 经济学［M］. 萧琛，等译. 北京：华夏出版社，1999.

［6］鲍玉昆，张金隆，孙福全，等. 基于 SMART 准则的科技项目评标指标体系结构模型设计［J］. 科学学与科学技术管理，2003（2）：46-48.

［7］卞元超，白俊红，范天宇. 产学研协同创新与企业技术进步的关系［J］. 中国科技论坛，2015（6）：38-43.

［8］卞元超，吴利华，白俊红. 财政科技支出竞争是否促进了区域创新绩效提升？——基于研发要素流动的视角［J］. 财政研究，2020（1）：45-58.

［9］曹虹剑，张建英，刘丹. 模块化分工、协同与技术创新——基于战略性新兴产业的研究［J］. 中国软科学，2015（7）：100-110.

［10］曹霞，于娟. 基于政府治理的产学研创新联盟稳定性研究［J］. 系统管理学报，2017，26（5）：916-925.

［11］钞小静，沈坤荣. 城乡收入差距、劳动力质量与中国经济增长［J］.

经济研究，2014，49（6）：30 - 43.

　　［12］钞小静. 经济增长质量：一种理论解释及中国的实证分析［D］. 西安：西北大学博士学位论文，2009.

　　［13］陈芳，眭纪刚. 新兴产业协同创新与演化研究：新能源汽车为例［J］. 科研管理，2015，36（1）：26 - 33.

　　［14］陈怀超，张晶，费玉婷. 制度支持是否促进了产学研协同创新？——企业吸收能力的调节作用和产学研合作紧密度的中介作用［J］. 科研管理，2020，41（3）：1 - 11.

　　［15］陈劲，阳银娟. 协同创新的理论基础与内涵［J］. 科学学研究，2012，30（2）：161 - 164.

　　［16］陈磊，胡立君，何芳. 要素流动、市场一体化与经济发展——基于中国省级面板数据的实证研究［J］. 经济问题探索，2019（12）：56 - 69.

　　［17］陈强. 高级计量经济学及 Stata 应用（第 2 版）［M］. 北京：高等教育出版社，2014.

　　［18］陈伟，罗来明. 技术进步与经济增长的关系研究［J］. 社会科学研究，2002（4）：44 - 46.

　　［19］程强，石琳娜. 基于自组织理论的产学研协同创新的协同演化机理研究［J］. 软科学，2016（4）：22 - 26.

　　［20］仇国阳，孟晓华，崔志明. 区域科技进步监测指标体系的优化与重构［J］. 科学学与科学技术管理，2006（9）：137 - 142.

　　［21］褚福灵. 共享发展的内涵及衡量标准研究［J］. 中国社会保障，2016（6）：30 - 32.

　　［22］戴觅，茅锐. 产业异质性、产业结构与中国省际经济收敛［J］. 管理世界，2015（6）：34 - 46.

　　［23］邓练兵. 中国创新政策变迁的历史逻辑——兼论以市场失灵为政策依据理论的不适用性［D］. 武汉：华中科技大学，2013.

　　［24］邓祥征，梁立，吴锋，等. 发展地理学视角下中国区域均衡发展［J］. 地理学报，2021，76（2）：261 - 276.

　　［25］邓小朱，陈梦成. 科技成果转化制度与企业协同度研究［J］. 科研管

理，2016，37（S1）：116 – 125.

［26］刁丽琳，朱桂龙．区域产学研合作活跃度的空间特征与影响因素［J］．科学学研究，2014（11）：1679 – 1688.

［27］董豪，曾剑秋，沈孟如．产业创新复合系统构建与协同度分析——以信息通信产业为例［J］．科学学研究，2016（8）：1152 – 1160.

［28］董晔，安尼瓦尔·阿木提．区域科技与经济社会发展协调度评价——基于新疆的实证研究［J］．经济问题探索，2010（12）：82 – 88.

［29］杜伟，杨志江，夏国平．人力资本推动经济增长的作用机制研究［J］．中国软科学，2014（8）：173 – 183.

［30］范柏乃，单世涛，陆长生．城市技术创新能力评价指标筛选方法研究［J］．科学学研究，2002（6）：663 – 668.

［31］范厚明，马梦知，温文华，等．港城协同度与城市经济增长关系研究［J］．中国软科学，2015（9）：96 – 105.

［32］方刚，周青，杨伟．产学研合作到协同创新的研究脉络与进展——基于文献计量分析［J］．技术经济，2016，35（10）：26 – 33.

［33］方迎风，童光荣．经济增长质量的衡量标准：福利还是效率？［J］．宏观质量研究，2014（3）：47 – 55.

［34］费艳颖，姜国峰，王越．美日韩大学参与产学研协同创新模式及对我国的启示［J］．科学管理研究，2014，32（1）：106 – 109.

［35］冯南平，魏芬芬．创新要素区域流动的影响因素及其时间差异分析［J］．中国科技论坛，2017（2）：114 – 120.

［36］付允，刘怡君．指标体系有效性的 RST 评价方法及应用［J］．管理评论，2009，21（7）：91 – 95.

［37］葛秋萍，汪明月．基于不对称 Nash 谈判修正的产学研协同创新战略联盟收益分配研究［J］．管理工程学报，2018（1）：79 – 83.

［38］辜胜阻，吴华君，吴沁沁，等．创新驱动与核心技术突破是高质量发展的基石［J］．中国软科学，2018（10）：9 – 18.

［39］顾新．区域创新系统论［D］．成都：四川大学，2002.

［40］官建成，张华胜．界面管理水平评价的灰色聚类方法与应用［J］．北

京航空航天大学学报, 2000, 26 (4): 465 - 469.

[41] 郭庆存. 科技进步及其若干影响因素分析 [J]. 软科学, 1992 (1): 34 - 38.

[42] 郭正权, 朱安丰, 赵晓男. 政产学研体系科技成果转化的模拟分析 [J]. 经济问题, 2021 (2): 45 - 52.

[43] 国务院发展研究中心中国民生调查课题组, 张军扩, 叶兴庆, 等. 中国民生调查 2018 综合研究报告——新时代的民生保障 [J]. 管理世界, 2018, 34 (11): 1 - 11.

[44] 国务院发展研究中心中国民生指数研究课题组, 张玉台, 吴晓灵, 等. 我国民生发展状况及民生主要诉求研究——"中国民生指数研究" 综合报告 [J]. 管理世界, 2015 (2): 1 - 11.

[45] 韩其恒, 李俊青, 刘鹏飞. 要素重新配置型的中国经济增长 [J]. 管理世界, 2016 (1): 10 - 28.

[46] 韩振海, 李国平. 国家创新系统理论的演变评述 [J]. 科学管理研究, 2004, 22 (2): 24 - 26.

[47] 郝颖, 辛清泉, 刘星. 地区差异、企业投资与经济增长质量 [J]. 经济研究, 2014 (3): 101 - 114.

[48] [德] 赫尔曼·哈肯. 大自然成功的奥秘: 协同学 [M]. 凌复华, 译. 上海: 上海译文出版社, 2018.

[49] 何郁冰. 产学研协同创新的理论模式 [J]. 科学学研究, 2012 (2): 165 - 174.

[50] 洪银兴. 产学研协同创新的经济学分析 [J]. 经济科学, 2014 (1): 56 - 64.

[51] 侯二秀, 石晶. 企业协同创新的动力机制研究综述 [J]. 中国管理科学, 2015 (S1): 711 - 717.

[52] 胡立, 罗尧成, 田蔚风, 等. 英国产学研联合培养研究生的主要特点及经验借鉴——KTP 计划的实践 [J]. 学位与研究生教育, 2014 (3): 67 - 71.

[53] 胡善成, 靳来群, 刘慧宏. 金融结构对技术创新的影响研究 [J]. 中国科技论坛, 2019 (10): 33 - 42.

［54］胡雯，陈强．产学研协同创新生命周期识别研究［J］．科研管理，2018（7）：69－77.

［55］胡振荣．四川高校参加省技术交易会取得丰硕成果［J］．研究与发展管理，1992（1）：59.

［56］胡志坚，苏靖．区域创新系统理论的提出与发展［J］．中国科技论坛，1999（6）：20－23.

［57］黄亮雄，王贤彬，刘淑琳，等．中国产业结构调整的区域互动——横向省际竞争和纵向地方跟进［J］．中国工业经济，2015（8）：82－97.

［58］黄文川．怎样理解使市场在资源配置中起决定性作用和更好发挥政府作用——访国务院研究室副主任韩文秀［J］．求是，2013（24）：31－33.

［59］黄先海，金泽成，余林徽．要素流动与全要素生产率增长：来自国有部门改革的经验证据［J］．经济研究，2017，52（12）：62－75.

［60］纪炀，周二华，龙立荣，等．企业所有制调节作用下的名人CEO与组织吸引力研究［J］．管理学报，2016，13（1）：67－75.

［61］贾品荣．区域科技与社会协调发展评价［J］．中国管理科学，2016，24（S1）：785－795.

［62］江飞涛，武鹏，李晓萍．中国工业经济增长动力机制转换［J］．中国工业经济，2014（5）：5－17.

［63］蒋伏心，华冬芳，胡潇．产学研协同创新对区域创新绩效影响研究［J］．江苏社会科学，2015（5）：64－72.

［64］蒋兴华，范心雨，汪玲芳．伙伴关系、协同意愿对协同创新绩效的影响研究——基于政府支持的调节作用［J］．中国科技论坛，2021（2）：9－16.

［65］解学梅，方良秀．国外协同创新研究述评与展望［J］．研究与发展管理，2015，27（4）：16－24.

［66］解学梅，刘丝雨．协同创新模式对协同效应与创新绩效的影响机理［J］．管理科学，2015（2）：27－39.

［67］金碚．关于"高质量发展"的经济学研究［J］．中国工业经济，2018（4）：5－18.

［68］克莱顿·克里斯坦森．创新者的窘境（第2版）［M］．胡建桥，译．

北京：中信出版社，2014.

[69] [美] 库兹涅茨. 现代经济的增长：发现和反映//现代国外经济学论文选（第二辑）[C]. 北京：商务印书馆，1981.

[70] 蓝晓霞. 美国产学研协同创新机制研究 [M]. 北京：北京交通大学出版社，2014.

[71] 雷家骕，洪军. 技术创新管理 [M]. 北京：机械工业出版社，2012.

[72] 李柏洲，王雪，苏屹，等. 我国战略性新兴产业间供应链企业协同创新演化博弈研究 [J]. 中国管理科学，2021（8）：136 – 147.

[73] 李柏洲，周森. 科研院所创新行为与区域创新绩效间关系研究 [J]. 科学学与科学技术管理，2015（1）：75 – 87.

[74] 李柏洲，朱晓霞. 区域创新系统（RIS）创新驱动力研究 [J]. 中国软科学，2007（8）：93 – 99.

[75] 李虹，张希源. 区域生态创新协同度及其影响因素研究 [J]. 中国人口·资源与环境，2016（6）：43 – 51.

[76] 李敬，陈澍，万广华，等. 中国区域经济增长的空间关联及其解释——基于网络分析方法 [J]. 经济研究，2014（11）：4 – 16.

[77] 李鹏，李美娟，陈维花. 企业 R&D 投入与产学研协同创新绩效分析 [J]. 统计与决策，2019，35（2）：183 – 185.

[78] 李强，李皖玲. 混合评价标度下的经济增长评价方法 [J]. 统计与决策，2016（6）：79 – 81.

[79] 李荣富，王萍，傅懿兵. 经济增长质量综合评价指标体系与模型构建探究 [J]. 淮北师范大学学报（哲学社会科学版），2013（4）：36 – 39.

[80] 李文娟，朱春奎. 中国产学研合作研究的热点主题和知识演化 [J]. 科技管理研究，2018，38（22）：111 – 117.

[81] 李翔，邓峰. 科技创新、产业结构升级与经济增长 [J]. 科研管理，2019，40（3）：84 – 93.

[82] 李翔，邓峰. 科技创新与产业结构优化的经济增长效应研究——基于动态空间面板模型的实证分析 [J]. 经济问题探索，2018（6）：144 – 154.

[83] 李想，徐艳梅. 引进购买外部技术对专利产出与新产品销售收入影响

的异质性分析——以高技术产业为例 [J]. 科学学与科学技术管理, 2019, 40 (11): 113 – 124.

[84] 李晓冬, 王龙伟. 市场导向、政府导向对中国企业创新驱动的比较研究 [J]. 管理科学, 2015, 28 (6): 1 – 11.

[85] 李修全, 玄兆辉, 杨洋. 从中美高校知识流动对比看我国高校科技成果转化特点 [J]. 中国科技论坛, 2014 (12): 98 – 102.

[86] 李燕, 李应博. 对外直接投资技术溢出与科技进步关系研究 [J]. 科研管理, 2015 (12): 56 – 64.

[87] 梁丽娜, 于渤. 经济增长: 技术创新与产业结构升级的协同效应 [J]. 科学学研究, 2021, 39 (9): 1574 – 1583.

[88] 廖信林, 顾炜宇, 王立勇. 政府 R&D 资助效果、影响因素与资助对象选择——基于促进企业 R&D 投入的视角 [J]. 中国工业经济, 2013 (11): 148 – 160.

[89] 林建浩, 赵子乐. 均衡发展的隐形壁垒: 方言、制度与技术扩散 [J]. 经济研究, 2017, 52 (9): 182 – 197.

[90] 林毅夫, 陈斌开. 发展战略、产业结构与收入分配 [J]. 经济学 (季刊), 2013, 12 (4): 1109 – 1140.

[91] 刘秉镰, 朱俊丰, 周玉龙. 中国区域经济理论演进与未来展望 [J]. 管理世界, 2020 (2): 182 – 194.

[92] 刘家树, 菅利荣. 知识来源、知识产出与科技成果转化绩效——基于创新价值链的视角 [J]. 科学学与科学技术管理, 2011, 32 (6): 33 – 40.

[93] 刘瑞, 吴静, 张冬平, 等. 中国产学研协同创新政策的主题及其演进 [J]. 技术经济, 2016 (8): 45 – 52.

[94] 刘树梅. 关于进一步完善全国科技进步统计监测体系的建议 [J]. 统计研究, 2004 (1): 23 – 26.

[95] 刘璇, 张向前. 适应创新驱动的中国科技人才与经济增长关系研究 [J]. 经济问题探索, 2015 (10): 61 – 67.

[96] 刘友金, 易秋平, 贺灵. 产学研协同创新对地区创新绩效的影响——以长江经济带 11 省市为例 [J]. 经济地理, 2017 (9): 1 – 10.

[97] 刘媛媛, 孙慧. 新疆科技投入对区域经济增长的贡献度分析——基于

扩展 C – D 生产函数和 DEA 分析法 [J]. 科研管理, 2014, 35 (10): 26 – 32.

[98] 刘智华, 李铁铮, 肖瑞青. 京津冀地区城镇化发展协同度实证分析 [J]. 统计与决策, 2019, 35 (7): 112 – 116.

[99] 刘智勇, 李海峥, 胡永远, 等. 人力资本结构高级化与经济增长——兼论东中西部地区差距的形成和缩小 [J]. 经济研究, 2018, 53 (3): 50 – 63.

[100] 柳卸林, 葛爽. 探究 20 年来中国经济增长创新驱动的内在机制——基于新熊彼特增长理论的视角 [J]. 科学学与科学技术管理, 2018, 39 (11): 3 – 18.

[101] 柳卸林, 胡志坚. 中国区域创新能力的分布与成因 [J]. 科学学研究, 2002 (5): 550 – 556.

[102] 鲁若愚, 张鹏, 张红琪. 产学研合作创新模式研究——基于广东省部合作创新实践的研究 [J]. 科学学研究, 2012, 30 (2): 186 – 193.

[103] 陆铭, 陈钊. 分割市场的经济增长——为什么经济开放可能加剧地方保护? [J]. 经济研究, 2009, 44 (3): 42 – 52.

[104] 逯进, 陈阳, 郭志仪. 社会福利、经济增长与区域发展差异——基于中国省域数据的耦合实证分析 [J]. 中国人口科学, 2012 (3): 31 – 43.

[105] 罗超平, 张梓榆, 王志章. 金融发展与产业结构升级: 长期均衡与短期动态关系 [J]. 中国软科学, 2016 (5): 21 – 29.

[106] 罗晨阳, 丁堃, 母睿, 等. 市场驱动、技术学习与创新绩效: 基于官助民办技术平台的质性研究 [J]. 科学学与科学技术管理, 2017, 38 (7): 119 – 128.

[107] 罗富政, 罗能生. 中国省际政治协同的测度及其对区域经济增长的影响 [J]. 经济地理, 2016 (8): 8 – 15.

[108] 罗琳, 魏奇锋, 顾新. 产学研协同创新的知识协同影响因素实证研究 [J]. 科学学研究, 2017 (10): 1567 – 1577.

[109] 马慧慧. Eviews 统计分析与应用 (第 3 版) [M]. 北京: 电子工业出版社, 2016.

[110] 马骁. 基于复合系统协同度模型的京津冀区域经济协同度评价 [J]. 工业技术经济, 2019, 38 (5): 121 – 126.

［111］马旭，杨双春，李秉繁，等．基于改进 AHP – 熵权法和 TOPSIS 的火山岩气藏开发方案优选［J］．新疆石油地质，2017，38（3）：325 – 330.

［112］马雪荣，彭明国，张菊芳，等．产学研协同创新引领县域经济转型升级的探索实践［J］．中国科技产业，2017（9）：72 – 75.

［113］马永红，刘海礁，柳清．产业共性技术产学研协同研发策略的微分博弈研究［J］．中国管理科学，2019，27（12）：197 – 207.

［114］孟凡蓉，陈子韬，袁梦．科技创新、科技资源与经济增长的耦合研究［J］．科学学与科学技术管理，2019，40（9）：63 – 74.

［115］孟庆松，韩文秀．复合系统协调度模型研究［J］．天津大学学报，2000，33（4）：444 – 446.

［116］宁宝权，陕振沛．基于改进熵和灰关联分析的模糊物元分析模型及应用［J］.数学的实践与认识，2016，46（20）：280 – 284.

［117］欧自强．广义方差估计理论及应用［J］．测绘学报，1993（2）：121 – 128.

［118］庞瑞芝，范玉，李扬．中国科技创新支撑经济发展了吗？［J］．数量经济技术经济研究，2014，31（10）：37 – 52.

［119］彭纪生，仲为国，孙文祥．政策测量、政策协同演变与经济绩效：基于创新政策的实证研究［J］．管理世界，2008（9）：25 – 36.

［120］彭宜钟，童健，吴敏．究竟是什么推动了我国经济增长方式转变？［J］．数量经济技术经济研究，2014，31（6）：20 – 35.

［121］戚湧，朱婷婷，郭逸．科技成果市场转化模式与效率评价研究［J］．中国软科学，2015（6）：184 – 192.

［122］冉戎，聂军，谢懿．地区社会资本对企业协同创新的影响研究［J］．科研管理，2020，41（12）：82 – 92.

［123］任保平，文丰安．新时代中国高质量发展的判断标准、决定因素与实现途径［J］．改革，2018（4）：5 – 16.

［124］任保平．经济增长质量：经济增长理论框架的扩展［J］．经济学动态，2013（11）：45 – 51.

［125］上官绪明，葛斌华．科技创新、环境规制与经济高质量发展——来自

中国 278 个地级及以上城市的经验证据 [J]. 中国人口·资源与环境, 2020, 30 (6): 95 - 104.

[126] 尚洪涛, 宋雅希. 中国民营企业创新补贴政策效应的动态评价 [J]. 科学学研究, 2020, 38 (6): 1121 - 1131.

[127] 沈悦, 李善燊, 马续涛. VAR 宏观计量经济模型的演变与最新发展——基于 2011 年诺贝尔经济学奖得主 Smis 研究成果的拓展脉络 [J]. 数量经济技术经济研究, 2012, 29 (10): 150 - 160.

[128] 盛彦文, 马延吉. 区域产学研创新系统耦合协调度评价及影响因素 [J]. 经济地理, 2017 (11): 10 - 18.

[129] 宋伟, 康卫敏, 赵树良. 我国协同创新研究的知识图谱分析——基于 CSSCI (1998—2017) 数据 [J]. 西南民族大学学报 (人文社科版), 2018, 39 (6): 226 - 234.

[130] 宋砚秋, 齐永欣, 高婷, 等. 政府创新补贴、企业创新活力与创新绩效 [J]. 经济学家, 2021 (6): 111 - 120.

[131] 宋艳, 原长弘, 张树满. 装备制造业领军企业如何突破关键核心技术? [J]. 科学学研究, 2022, 40 (3): 420 - 432.

[132] 宋洋, 逢亚男. 产学研协同创新联盟稳定性与政策设计研究 [J]. 数量经济研究, 2021, 12 (1): 160 - 183.

[133] 苏屹, 安晓丽, 孙莹, 等. 区域创新系统耦合度测度模型构建与实证研究 [J]. 系统工程学报, 2018, 33 (3): 398 - 411.

[134] 苏屹, 姜雪松, 雷家骕, 等. 区域创新系统协同演进研究 [J]. 中国软科学, 2016 (3): 44 - 61.

[135] 苏屹, 李忠婷. 区域创新系统主体合作强度对创新绩效的影响研究 [J]. 管理工程学报, 2021, 35 (3): 64 - 76.

[136] 苏屹, 林周周, 欧忠辉. 知识流动对区域创新活动两阶段的影响研究 [J]. 科研管理, 2020, 41 (7): 100 - 109.

[137] 苏屹, 林周周. 基于消化吸收门槛的区域创新系统知识溢出效应研究 [J]. 管理学报, 2020, 17 (3): 411 - 421.

[138] 苏屹, 闫玥涵. 国家创新政策与区域创新系统的跨层次研究 [J].

科研管理，2020，41（12）：160 – 170.

［139］苏屹．基于系统科学的协同创新理论分析方法研究［J］．科研管理，2013（S1）：140 – 143.

［140］孙大明，原毅军．空间外溢视角下的协同创新与区域产业升级［J］．统计研究，2019，36（10）：100 – 114.

［141］孙飞翔，吕拉昌．国家创新系统研究综述与展望［J］．科技管理研究，2017（23）：1 – 9.

［142］孙虎，乔标．京津冀产业协同发展的问题与建议［J］．中国软科学，2015（7）：68 – 74.

［143］孙巍，徐邵军．要素流动、产业结构调整与区域经济分化［J/OL］．科学学研究，2021，39（11）：1947 – 1959.

［144］孙晓华，王昀．企业所有制与技术创新效率［J］．管理学报，2013，10（7）：1041 – 1047.

［145］覃成林，刘迎霞，李超．空间外溢与区域经济增长趋同——基于长江三角洲的案例分析［J］．中国社会科学，2012（5）：76 – 94.

［146］汤铃，李建平，余乐安，等．基于距离协调度模型的系统协调发展定量评价方法［J］．系统工程理论与实践，2010，30（4）：594 – 602.

［147］唐恒，张垒，李军．基于面板数据的专利与科技进步关联性研究［J］．科研管理，2011（1）：147 – 152.

［148］唐洪婷，李志宏．基于 hMETIS 与 FP-Growth 的协同创新社区领域知识发现方法［J］．系统工程理论与实践，2018（8）：2068 – 2078.

［149］唐凯桃．国家审计与经济增长质量：理论基础和实现路径［J］．会计之友，2018（2）：120 – 125.

［150］田秀杰，唐蕊，周春雨．基于碳排放视角的政府环境治理政策效果研究［J］．调研世界，2020（3）：30 – 36.

［151］田增瑞，田颖，吴晓隽．科技孵化产业协同发展对区域创新的溢出效应［J］．科学学研究，2019，37（1）：57 – 69.

［152］田志龙，陈丽玲，顾佳林．我国政府创新政策的内涵与作用机制：基于政策文本的内容分析［J］．中国软科学，2019（2）：11 – 22.

[153] 涂振洲, 顾新. 基于知识流动的产学研协同创新过程研究 [J]. 科学学研究, 2013, 31 (9): 1381 – 1390.

[154] 宛群超, 袁凌, 蒋镇武. 研发要素流动对高技术产业创新能力的影响研究——兼论经济政策不确定性的调节作用 [J]. 软科学, 2020, 34 (10): 1 – 6.

[155] 王邦兆, 王欢, 郭本海. 区域创新系统耦合度改进模型及实证研究 [J]. 中国管理科学, 2014, 22 (S1): 566 – 573.

[156] 王帮俊, 吴艳芳. 区域产学研协同创新绩效评价——基于因子分析的视角 [J]. 科技管理研究, 2018, 38 (1): 66 – 71.

[157] 王必达, 苏婧. 要素自由流动能实现区域协调发展吗——基于"协调性集聚"的理论假说与实证检验 [J]. 财贸经济, 2020, 41 (4): 129 – 143.

[158] 王翠霞. 国家创新系统产学协同创新机制研究——基于复杂系统理论视角 [D]. 杭州: 浙江大学, 2014.

[159] 王冬, 孔庆峰. 资源禀赋、制度变迁与中国科技兴衰——李约瑟之谜的科技加速进步假说 [J]. 科学学研究, 2013 (3): 321 – 329.

[160] 王宏起, 徐玉莲. 科技创新与科技金融协同度模型及其应用研究 [J]. 中国软科学, 2012 (6): 129 – 138.

[161] 王进富, 张颖颖, 苏世彬, 等. 产学研协同创新机制研究——一个理论分析框架 [J]. 科技进步与对策, 2013, 30 (16): 1 – 6.

[162] 王薇, 任保平. 我国经济增长数量与质量阶段性特征: 1978～2014 年 [J]. 改革, 2015 (8): 48 – 58.

[163] 王薇. 中国经济增长数量、质量和效益的耦合研究 [D]. 西安: 西北大学, 2016.

[164] 王文岩, 孙福全, 申强. 产学研合作模式的分类、特征及选择 [J]. 中国科技论坛, 2008 (5): 37 – 40.

[165] 王新长. 区域科技进步与经济增长协调发展评价研究 [D]. 南昌: 江西财经大学, 2014.

[166] 王鑫, 刘元伟, 徐海燕. 基于多维效用并合法的经济环境协调度模型研究 [J]. 中国管理科学, 2016, 24 (s1): 682 – 688.

[167] 王延中, 龙玉其, 江翠萍, 等. 中国社会保障收入再分配效应研

究——以社会保险为例 [J]. 经济研究, 2016, 51 (2): 4 - 15.

[168] 王宇, 刘志彪. 补贴方式与均衡发展: 战略性新兴产业成长与传统产业调整 [J]. 中国工业经济, 2013 (8): 57 - 69.

[169] 王钰莹, 原长弘, 张树满. 企业产学研主体地位对创新绩效的影响——吸收能力的中介作用与双元情境的调节作用 [J]. 科技进步与对策, 2020, 37 (1): 10 - 17.

[170] 王展昭, 唐朝阳. 区域创新生态系统耗散结构研究 [J]. 科学学研究, 2021, 39 (1): 170 - 179.

[171] 王子菁. 融资约束、共享金融与小微企业成长性研究 [D]. 济南: 山东大学, 2018.

[172] 魏敏, 李书昊. 新常态下中国经济增长质量的评价体系构建与测度 [J]. 经济学家, 2018 (4): 19 - 26.

[173] 魏守华, 吴贵生, 吕新雷. 区域创新能力的影响因素——兼评我国创新能力的地区差距 [J]. 中国软科学, 2010 (9): 76 - 85.

[174] 文剑英. 科技成果转化的理性思考 [J]. 科研管理, 2019, 40 (5): 175 - 181.

[175] 吴建宁, 王选华. 中国科技进步贡献率测度: 一种新的视角 [J]. 科学学与科学技术管理, 2013, 34 (8): 10 - 17.

[176] 吴洁, 车晓静, 盛永祥, 等. 基于三方演化博弈的政产学研协同创新机制研究 [J]. 中国管理科学, 2019, 27 (1): 162 - 173.

[177] 吴俊, 张家峰, 黄东梅. 产学研合作对战略性新兴产业创新绩效影响研究——来自江苏省企业层面的证据 [J]. 当代财经, 2016 (9): 99 - 109.

[178] 吴荣斌, 王辉. 科研机构与高校知识创新协同效应及模式研究 [J]. 科技进步与对策, 2012, 29 (20): 131 - 136.

[179] 吴万宗, 刘玉博, 徐琳. 产业结构变迁与收入不平等——来自中国的微观证据 [J]. 管理世界, 2018, 34 (2): 22 - 33.

[180] 吴武林, 周小亮. 中国包容性绿色增长绩效评价体系的构建及应用 [J]. 中国管理科学, 2019, 27 (9): 183 - 194.

[181] 吴笑, 魏奇锋, 顾新. 协同创新的协同度测度研究 [J]. 软科学,

2015（7）：45 - 50.

[182] 吴友群，赵京波，王立勇．产学研合作的经济绩效研究及其解释 [J]．科研管理，2014（7）：147 - 153.

[183] 武玉英，魏国丹，何喜军．基于耦合系数模型的高技术制造业与要素协同度测度及实证 [J]．系统工程，2017，35（7）：93 - 100.

[184] 裘著燕，李星洲，迟考勋．金融介入的政产学研用技术协同创新模式构建研究 [J]．科技进步与对策，2012（22）：19 - 25.

[185] 肖丁丁，朱桂龙．产学研合作创新效率及其影响因素的实证研究 [J]．科研管理，2013（1）：11 - 18.

[186] 肖振红，范君荻，李炎．产学研协同发展、知识积累与技术创新效率——基于动态面板门限机理实证分析 [J]．系统管理学报，2021，30（1）：142 - 149.

[187] 谢兰云．创新、产业结构与经济增长的门槛效应分析 [J]．经济理论与经济管理，2015（2）：51 - 59.

[188] 谢子远，黄文军．非研发创新支出对高技术产业创新绩效的影响研究 [J]．科研管理，2015，36（10）：1 - 10.

[189] 徐春华，刘力．省域市场潜力、产业结构升级与城乡收入差距——基于空间关联与空间异质性的视角 [J]．农业技术经济，2015（5）：34 - 46.

[190] 徐刚，杨超．基于演化博弈分析的产学研协同创新引导模式优化与选择 [J]．研究与发展管理，2020，32（1）：123 - 133.

[191] 徐莉，杨晨露．产学研协同创新的组织模式及运行机制研究 [J]．科技广场，2012（11）：210 - 214.

[192] 徐徐，贾晶如．科技进步与经济发展协调性研究 [J]．中国科技论坛，2012（7）：50 - 55.

[193] 徐盈之，韩颜超．科技进步贡献率的区域差异与影响因素——应用江苏省面板数据的经验分析 [J]．华东经济管理，2009（11）：1 - 5.

[194] 徐盈之，金乃丽．高校官产学合作创新对区域经济增长影响的研究 [J]．科研管理，2010，31（1）：147 - 152.

[195] 徐喆，李春艳．我国科技政策演变与创新绩效研究——基于政策相互

作用视角 [J]. 经济问题, 2017 (1): 11-16.

[196] 徐忠伟. 中国民营企业可持续成长影响因素的实证研究——基于企业生命周期理论的分析 [D]. 上海: 复旦大学, 2005.

[197] 许长青, 金梦, 周丽萍. 基于三螺旋模型的高校产学研协同创新对区域经济增长贡献的实证研究——以广东为中心的比较 [J]. 教育学术月刊, 2019 (5): 96-104.

[198] 薛澜, 姜李丹, 黄颖, 等. 资源异质性、知识流动与产学研协同创新——以人工智能产业为例 [J]. 科学学研究, 2019, 37 (12): 2241-2251.

[199] 薛莉, 陈钢. 政府引导对产学研协同创新的促进效应研究——基于演化博弈的数值仿真视角 [J]. 江苏社会科学, 2021 (2): 58-68.

[200] 薛雅伟, 张在旭, 李宏勋, 等. 资源产业空间集聚与区域经济增长: "资源诅咒" 效应实证 [J]. 中国人口·资源与环境, 2016, 26 (8): 25-33.

[201] 严红, 许水平, 石俊. 区域产学研协同性动态评价研究 [J]. 系统工程, 2020, 38 (5): 66-74.

[202] 颜色, 郭凯明, 杭静. 需求结构变迁、产业结构转型和生产率提高 [J]. 经济研究, 2018, 53 (12): 83-96.

[203] 杨柏, 陈银忠, 李爱国, 等. 政府科技投入、区域内产学研协同与创新效率 [J]. 科学学研究, 2021, 39 (7): 1335-1344.

[204] 杨继瑞, 杨蓉, 马永坤. 协同创新理论探讨及区域发展协同创新机制的构建 [J]. 高校理论战线, 2013 (1): 56-62.

[205] 杨林. 创业型企业高管团队垂直对差异与创业战略导向: 产业环境和企业所有制的调节效应 [J]. 南开管理评论, 2014, 17 (1): 134-144.

[206] 杨晓娜, 彭灿, 杨红, 等. 江苏省产学研协同创新发展的动态模拟分析 [J]. 科技管理研究, 2020, 40 (1): 67-74.

[207] 杨洋, 魏江, 罗来军. 谁在利用政府补贴进行创新?——所有制和要素市场扭曲的联合调节效应 [J]. 管理世界, 2015 (1): 75-86.

[208] 叶伟巍, 梅亮, 李文, 等. 协同创新的动态机制与激励政策——基于复杂系统理论视角 [J]. 管理世界, 2014 (6): 79-91.

[209] 易信, 刘凤良. 金融发展、技术创新与产业结构转型——多部门内生

增长理论分析框架［J］. 管理世界，2015（10）：24 – 39.

［210］于斌斌，吴银忠. 就业—产业结构协调发展能化解产能过剩吗?［J］. 中国人口·资源与环境，2020，30（8）：128 – 139.

［211］于斌斌. 产业结构调整与生产率提升的经济增长效应——基于中国城市动态空间面板模型的分析［J］. 中国工业经济，2015（12）：83 – 98.

［212］于世海. 区域科技创新与经济增长质量的耦合协调性——基于桂、滇、黔 2009—2015 年的数据［J］. 社会科学家，2018（4）：82 – 89.

［213］于天琪. 产学研协同创新模式研究——文献综述［J］. 工业技术经济，2019，38（7）：88 – 92.

［214］余文涛. 创新产业集聚对区域创新与生产效率的影响［D］. 合肥：中国科学技术大学，2014.

［215］余义勇，杨忠. 如何有效发挥领军企业的创新链功能——基于新巴斯德象限的协同创新视角［J］. 南开管理评论，2020，23（2）：4 – 15.

［216］虞晓雯，雷明. 面板 VAR 模型框架下我国低碳经济增长作用机制的动态分析［J］. 中国管理科学，2014，22：731 – 740.

［217］原毅军，黄菁菁. FDI、产学研合作与区域创新产出——基于互补性检验的实证研究［J］. 研究与发展管理，2016，28（6）：38 – 47.

［218］原长弘，张树满. 以企业为主体的产学研协同创新：管理框架构建［J］. 科研管理，2019，40（10）：184 – 192.

［219］［美］约瑟夫·熊彼特. 经济发展理论［M］. 郭武军、吕阳，译. 北京：华夏出版社，2015.

［220］张杰，高德步，夏胤磊. 专利能否促进中国经济增长——基于中国专利资助政策视角的一个解释［J］. 中国工业经济，2016（1）：83 – 98.

［221］张军扩，侯永志，刘培林，等. 高质量发展的目标要求和战略路径［J］. 管理世界，2019，35（7）：1 – 7.

［222］张来明，李建伟. 收入分配与经济增长的理论关系和实证分析［J］. 管理世界，2016（11）：1 – 10.

［223］张娜，邓金钱. 地方政府行为选择与区域创新绩效：基于主导和竞争的双重视角［J］. 经济问题探索，2021（4）：68 – 79.

［224］张天云，陈奎，王秀丽，等 . 基于改进熵权法确定工程材料评价指标的客观权重［J］. 机械工程材料，2012，36（3）：81 - 84.

［225］张夏恒，张荣刚 . 跨境电商与跨境物流复合系统协同模型构建与应用研究［J］. 管理世界，2018，34（12）：190 - 191.

［226］张秀峰，陈光华，海本禄 . 融资约束、政府补贴与产学研合作创新绩效［J］. 科学学研究，2019，37（8）：1529 - 1536.

［227］张学文，陈劲 . 面向创新型国家的产学研协同创新［M］. 北京：经济科学出版社，2014.

［228］张亚明，宋雯婕，武晓涵，等 . 科技创新驱动产业升级的多重并发因果关系与多元路径［J］. 科研管理，2021，42（12）：19 - 28.

［229］张艺，陈凯华，朱桂龙 . 学研机构科研团队参与产学研合作有助于提升学术绩效吗？［J］. 科学学与科学技术管理，2018，39（10）：125 - 137.

［230］张艺，龙明莲，朱桂龙 . 产学研合作网络对学研机构科研团队学术绩效的影响路径研究［J］. 管理学报，2018，15（10）：1011 - 1018.

［231］张艺，朱桂龙，陈凯华 . 产学研合作国际研究：研究现状与知识基础［J］. 科学学与科学技术管理，2015，36（9）：62 - 70.

［232］张煜，孙慧 . 科技进步对经济增长贡献影响因素的理论研究［J］. 科技进步与对策，2015，32（5）：25 - 30.

［233］张在群 . 政府引导下的产学研协同创新机制研究［D］. 大连：大连理工大学，2013.

［234］张振华，唐莉，刘薇 . 环境规制科技政策对科技进步与经济增长的影响［J］. 科技进步与对策，2020，37（5）：131 - 140.

［235］张治栋，吴迪 . 产业空间集聚、要素流动与区域平衡发展——基于长江经济带城市经济发展差距的视角［J］. 经济体制改革，2019（4）：42 - 48.

［236］张钟月 . 科技与经济协调发展以形成新的竞争优势——评《政治经济学视域下的科技与经济协调性问题研究》［J］. 经济纵横，2019（2）：129.

［237］赵东霞，郭书男，周维 . 国外大学科技园"官产学"协同创新模式比较研究——三螺旋理论的视角［J］. 中国高教研究，2016（11）：89 - 94.

［238］赵冬月，施波，陈以琴，等 . 协同管理对城市韧性增强机制的影响

[J]. 管理评论, 2016, 28 (8): 207 – 214.

[239] 赵剑波, 史丹, 邓洲. 高质量发展的内涵研究 [J]. 经济与管理研究, 2019, 40 (11): 15 – 31.

[240] 赵健宇, 付程, 袭希. 知识嵌入性、知识流动与战略联盟结构升级的关系研究 [J]. 管理评论, 2020, 32 (1): 91 – 106.

[241] 赵英才, 张纯洪, 刘海英. 转轨以来中国经济增长质量的综合评价研究 [J]. 吉林大学社会科学学报, 2006 (3): 27 – 35.

[242] 赵勇, 魏后凯. 政府干预、城市群空间功能分工与地区差距——兼论中国区域政策的有效性 [J]. 管理世界, 2015 (8): 14 – 29.

[243] 郑刚. 基于 TIM 视角的企业技术创新过程中各要素全面协同机制研究 [D]. 杭州: 浙江大学, 2004.

[244] 周波, 王英家. 改革开放以来我国经济增长质量评价 [J]. 山东财经大学学报, 2016 (3): 19 – 30.

[245] 周程. 日本官产学合作的技术创新联盟案例研究 [J]. 中国软科学, 2008 (2): 48 – 57.

[246] 周冬梅. 中国区域经济协同发展的驱动因素——基于哈肯模型的分阶段实证研究 [J]. 地理研究, 2014, 33 (9): 124.

[247] 周开国, 卢允之, 杨海生. 融资约束、创新能力与企业协同创新 [J]. 经济研究, 2017, 52 (7): 94 – 108.

[248] 周绍杰, 王洪川, 苏杨. 中国人如何能有更高水平的幸福感——基于中国民生指数调查 [J]. 管理世界, 2015 (6): 8 – 21.

[249] 周小亮, 吴武林, 廖达颖. 我国区域包容性绿色增长测度与差异研究 [J]. 科技进步与对策, 2018, 35 (6): 42 – 49.

[250] 周晓利. OECD 国家科技进步与民生发展的典型相关分析 [J]. 科学管理研究, 2016, 34 (1): 109 – 112.

[251] 朱方明, 贺立龙. 经济增长质量: 一个新的诠释及中国现实考量 [J]. 马克思主义研究, 2014 (1): 72 – 79.

[252] 朱桂龙, 张艺, 陈凯华. 产学研合作国际研究的演化 [J]. 科学学研究, 2015, 33 (11): 1669 – 1686.

［253］朱李鸣. 区域经济与科技协调发展水平的评价指标体系研究［J］. 数量经济技术经济研究，2000（8）：7－9.

［254］朱姗姗，刘凤朝，冯雪. 基于技术位的企业技术搜索策略研究［J］. 科研管理，2020，41（4）：182－191.

［255］庄涛. 资源整合视角下官产学研三螺旋关系［M］. 北京：中国社会科学出版社，2018.

［256］卓乘风，邓峰. 创新要素流动与区域创新绩效——空间视角下政府调节作用的非线性检验［J］. 科学学与科学技术管理，2017，38（7）：15－26.

［257］邹燕. 创新型城市评价指标体系与国内重点城市创新能力结构研究［J］. 管理评论，2012，24（6）：50－57.

［258］左大培. 经济学、经济增长理论与经济增长理论模型［J］. 社会科学管理与评论，2005（3）：33－46.

［259］Abrigo M R M, Love I. Estimation of Panel Vector Autoregression in Stata［J］. The Stata Journal, 2016, 16（3）：778－804.

［260］Albagoury S. Inclusive Green Growth in Africa：Ethiopia Case Study［R］. Germany：University Library of Munich, 2016.

［261］Alexander J, Chase J, Newman N, et al.. Emergence as a Conceptual Framework for Understanding Scientific and Technological Progress：PICMET, Vancouver, BC, 2012［C］. IEEE.

［262］Ali I, Son H H. Measuring Inclusive Growth［J］. Asian Development Review, 2007, 10（24）：11－31.

［263］Almus M, Czarnitzki D. The Effects of Public R&D Subsidies on Firms Innovation Activities：The Case of Eastern Germany［J］. Journal of Business & Economic Statistics, 2003, 21（2）：226－236.

［264］Ankrah S, AL-Tabbaa O. Universities-industry collaboration：A systematic review［J］. Scandinavian Journal of Management, 2015, 31（3）：387－408.

［265］Ansoff H I. Corporate Strategy：An Analytic Approach to Business Policy For Growth and Expansion［M］. Penguin Books, 1965.

［266］Autio E. Evalution of RTD in Regional Systems of Innovation［J］. European Planning Studies, 1998 (6): 131 – 140.

[267] Bai C, Ma H, Pan W. Spatial spillover and regional economic growth in China [J]. China Economic Review, 2012, 23 (4): 982 – 990.

[268] Bai L B, Chen H, Qi G, et al. , Project portfolio selection based on synergy degree of composite system [J]. Soft Computing, 2018, 22 (16): 5535 – 5545.

[269] Barnes T, Pashby I, Gibbons A. Effective University-Industry Interaction: A Multi-case Evaluation of Collaborative R&D Projects [J]. European Management Journal, 2002, 20 (3): 272 – 285.

[270] Bekkers R, Freitas I M B. Analysing knowledge transfer channels between universities and industry: To what degree do sectors also matter? [J]. Research Policy, 2008, 37 (10): 1837 – 1853.

[271] Bettis R A, Hitt M A. The new competitive landscape [J]. Strategic Management Journal, 1995, 16 (S1): 7 – 19.

[272] Bjerregaard T. Industry and academia in convergence: Micro-institutional dimensions of R&D collaboration [J]. Technovation, 2010, 30 (2): 100 – 108.

[273] Blomqvist K L J. Collaboration capability-a focal concept in knowledge creation and collaborative innovation in networks [J]. International Journal of Management Concepts & Philosophy, 2017, 2 (2): 31 – 48.

[274] Brimble P, Doner R F. University-Industry Linkages and Economic Development: The Case of Thailand [J]. World Development, 2007, 35 (6): 1021 – 1036.

[275] Chamberlain G. A characterization of the distributions that imply mean—Variance utility functions [J]. Journal of Economic Theory, 1983, 29 (1): 185 – 201.

[276] Chang Y C. Benefits of Cooperation on Innovative Performance: Evidence from Integrated Circuits and Biotechnology Firms in the UK and Taiwan [J]. R&D Management, 2003, 33 (4): 425 – 437.

[277] Cheng Q, Chang Y. Influencing factors of knowledge collaboration effects in knowledge alliances [J]. Knowledge Management Research & Practice, 2020, 18 (4): 380 – 393.

[278] Chesbrough H, Vanhaverbeke W, West J. Open innovation : researching

a new paradigm [M]. New York: Oxford University Press, 2006.

[279] Clausen T H. Do subsidies have positive impacts on R&D and innovation activities at the firm level? [J]. Structural Change & Economic Dynamics, 2009, 20 (4): 239 – 253.

[280] Cooke P, Brazyk H J, Heidenreich M. Regional Innovation Systems: The Governance in the Globalized World [M]. London: UCL Press, 1996.

[281] D Este P, Patel P. University-industry linkages in the UK: What are the factors underlying the variety of interactions with industry? [J]. Research Policy, 2007, 36 (9): 1295 – 1313.

[282] Daneke G A. Beyond Schumpeter: nonlinear economics and the evolution of the U. S. innovation system [J]. The Journal of Socio-Economics, 1998, 27 (1): 97 – 115.

[283] De Oliveira L S, Soares Echeveste M E, Nogueira Cortimiglia M, et al. , Analysis of determinants for Open Innovation implementation in Regional Innovation Systems [J]. RAI Revista de Administracao e Inovacao, 2017, 14 (2): 119 – 129.

[284] Degl Innocenti M, Matousek R, Tzeremes N G. The interconnections of academic research and universities' "third mission": Evidence from the UK [J]. Research Policy, 2019, 48 (9): 103793.

[285] Ensign P C. The Concept of Fit in Organizational Research [J]. International Journal Organization Theory & Behavior, 2001, 4 (3): 287 – 306.

[286] Fernandes G, O'Sullivan D. Benefits management in university-industry collaboration programs [J]. International Journal of Project Management, 2021, 39 (1): 71 – 84.

[287] Figueiredo N, Fernandes C. Cooperation University-Industry: A Systematic Literature Review [J]. International Journal of Innovation and Technology Management, 2020, 17 (8): 2130001.

[288] Freeman C. Networks of innovators: A synthesis of research issues [J]. Research Policy, 1991, 20 (5): 499 – 514.

[289] Groenewold N, Guoping L, Anping C. Regional output spillovers in Chi-

na: Estimates from a VAR model [J]. Papers in Regional Science, 2007, 86 (1): 101 – 122.

[290] Hagen R. Globalization, university transformation and economic regeneration: A UK case study of public/private sector partnership [J]. International Journal of Public Sector Management, 2002, 15 (3): 204 – 218.

[291] Hanel P, St-Pierre M. Industry-University Collaboration by Canadian Manufacturing Firms [J]. The Journal of Technology Transfer, 2006, 31 (4): 485 – 499.

[292] Hardy C, Phillips N, Lawrence T B. Resources, Knowledge and Influence: The Organizational Effects of Interorganizational Collaboration [J]. Journal of Management Studies, 2003, 40 (2): 321 – 347.

[293] Hauknes J. Services in innovation—innovation in services [R]. Oslo: Step Grop, 1998.

[294] Hayakawa K, Qi M, Breitung J. Double filter instrumental variable estimation of panel data models with weakly exogenous variables [J]. Econometric Reviews, 2019, 38 (9): 1055 – 1088.

[295] Illingworth V. The penguin dictionary of physics [M]. Beijing: Beijing Foreign Language Press, 1996.

[296] Kapetaniou C, Samdanis M, Lee S H. Innovation policies of Cyprus during the global economic crisis: Aligning financial institutions with National Innovation System [J]. Technological Forecasting & Social Change, 2018, 133: 29 – 40.

[297] Kindred J, Petrescu C. Expectations Versus Reality in a University-Community Partnership: A Case Study [J]. Voluntas International Journal of Voluntary & Nonprofit Organizations, 2014, 26 (3): 1 – 23.

[298] Klasen S. Measuring and Monitoring Inclusive Growth: Multiple Definitions, Open Questions, and Some Constructive Proposals [R]. Philippines: Asian Development Bank Sustainable Development Working Paper, 2010.

[299] Koka B R, Prescott J E. Strategic alliances as social capital: a multidimensional view [J]. Strategic Management Journal, 2002, 23 (9): 795 – 816.

[300] Koop G, Korobilis D. Forecasting with High-Dimensional Panel VARs

[J]. Oxford Bulletin of Economics and Statistics, 2019, 81 (5): 937 –959.

[301] Kreiling L, Serval S, Peres R, et al.. University technology transfer organizations: Roles adopted in response to their regional innovation system stakeholders [J]. Journal of Business Research, 2020, 119: 218 –229.

[302] Lee S, Lee H, Lee C. Open innovation at the national level: Towards a global innovation system [J]. Technological Forecasting and Social Change, 2020, 151.

[303] Lee S, Park G, Yoon B, et al.. Open innovation in SMEs—An intermediated network model [J]. Research Policy, 2010, 39 (2): 290 –300.

[304] Lew Y K, Park J. The evolution of N-helix of the regional innovation system: Implications for sustainability [J]. Sustainable Development, 2021, 29 (2): 453 –464.

[305] Lincoln T. Problems and rewards in university-industry cooperative research [J]. Environmental Sciences, 1966, 12 (4): 452 –455.

[306] Lopez-Martlnez R E, Medellln E, Scanlon A P, et al.. Motivations and obstacles to university industry cooperation (UIC): A Mexican case [J]. R&D Management, 2010, 24 (1): 17 –30.

[307] Los B, Verspagen B. R&D spillovers and productivity: Evidence from U.S. manufacturing microdata [J]. Empirical Economics, 2000, 25 (1): 127 –148.

[308] Love I, Zicchino L. Financial development and dynamic investment behavior: Evidence from panel VAR [J]. The Quarterly Review of Economics and Finance, 2006, 46 (2): 190 –210.

[309] Malhotra A, Schmidt T S, Huenteler J. The role of inter-sectoral learning in knowledge development and diffusion: Case studies on three clean energy technologies [J]. Technological Forecasting and Social Change, 2019, 146: 464 –487.

[310] Mannak R S, Meeus M T H, Raab J, et al.. A temporal perspective on repeated ties across university-industry R&D consortia [J]. Research Policy, 2019, 48 (9): 103829.

[311] McCoskey S, Kao C. A residual-based test of the null of cointegration in

panel data [J]. Econometric Reviews, 1998, 17 (1): 57 – 84.

[312] Mcelroy M W. The new knowledge management: complexity, learning, and sustainable innovation [M]. Butterworth-Heinemann, 2002.

[313] McElroy M W. The new knowledge management [J]. Knowledge and in-novation journal of the KMCI, 2000, 32 (9): 43 – 67.

[314] Motohashi K, Yun X. China's innovation system reform and growing indus-try and science linkages [J]. Research Policy, 2007, 36 (8): 1251 – 1260.

[315] Nasierowski W, Arcelus F. On the efficiency of national innovation systems [J]. Socio-Economic Planning Sciences, 2003, 37 (3): 215 – 234.

[316] Nieto M J, Santamaría L. Technological Collaboration: Bridging the Inno-vation Gap between Small and Large Firms [J]. Journal of Small Business Manage-ment, 2010, 48 (1): 44 – 69.

[317] Payumo J G, Arasu P, Fauzi A M, et al., An entrepreneurial, re-search-based university model focused on intellectual property management for economic development in emerging economies: The case of Bogor Agricultural University, Indo-nesia [J]. World Patent Information, 2014, 36: 22 – 31.

[318] Perkmann M, Tartari V, McKelvey M, et al.. Academic engagement and commercialisation: A review of the literature on university-industry relations [J]. Re-search Policy, 2013, 42 (2): 423 – 442.

[319] Persaud A. Enhancing Synergistic innovative capability in multinational cor-porations: an empirical investigation [J]. Journal of product innovation management, 2005, 22 (5): 412 – 429.

[320] Pesaran M H, Smith R. Estimating long-run relationships from dynamic heterogeneous panels [J]. Journal of Econometrics, 1995, 68 (1): 79 – 113.

[321] Peter G. Swarm Creativity: Competitive advantage through collaborative in-novation networks [M]. Oxford: Oxford University Press, 2005.

[322] Philbin S. Process model for university-industry research collaboration [J]. European Journal of Innovation Management, 2008, 11 (4): 488 – 521.

[323] Pietrobelli C, Rabellotti R. Global value chains meet innovation systems:

are there learning opportunities for developing countries? [J]. World Development, 2011, 39 (7): 1261 –1269.

[324] Rauniyar G, Kanbur R. Inclusive growth and inclusive development: a review and synthesis of asian development bank literature [J]. Journal of the Asia Pacific Economy, 2010, 15 (4): 455 –469.

[325] Roderick W, Stefan L. University-Industry Collaboration in frugal innovation through prototyping: the case of a firefighter cooling vest [J]. IEEE Transactions on Engineering Management, 2021, 68 (3): 725 –738.

[326] Serrano V, Fischer T. Collaborative innovation in ubiquitous systems [J]. Journal of Intelligent Manufacturing, 2007, 18 (5): 599 –615.

[327] Siegel D S, Waldman D, Link A. Assessing the impact of organizational practices on the relative productivity of university technology transfer offices: an exploratory study [J]. Research Policy, 2003, 32 (1): 27 –48.

[328] Slingerland S, Kessler J J. Study on public private partnerships for contribution to inclusive green growth [R]. Netherlands: PBL Netherlands Environmental Assessment Agency, 2015.

[329] Soeparman S, Duivenboden H V, Oosterbaan T. Infomediaries and collaborative innovation: A case study on Information and Technology centered Intermediation in the Dutch Employment and Social Security Sector [J]. Information Polity, 2009, 14 (4): 261 –278.

[330] Suseno Y, Standing C. The Systems Perspective of National Innovation Ecosystems [J]. Systems research and behavioral science, 2018, 35 (3): 282 –307.

[331] Sweeney G. Learning efficiency, technological change and economic progress [J]. International Journal of Technology Management, 1996, 11 (1 –2): 5 –27.

[332] Tang J, Liu J, Wang D, et al.. Assessment system and empirical study on China's local governance quality [J]. International Journal of Sustainable Development and Planning, 2018, 13 (5): 773 –789.

[333] Tushman M L, O'Reilly III C A. Ambidextrous Organizations: Managing Evolutionary and Revolutionary Change [J]. California Management Review, 1996,

38 (4): 8 – 30.

[334] Welsh R, Glenna L, Lacy W, et al.. Close enough but not too far: Assessing the effects of university-industry research relationships and the rise of academic capitalism [J]. Research Policy, 2008, 37 (10): 1854 – 1864.

[335] Wiig H, Wood M. What comprises a regional innovation system? An empirical study [R]. Storgaten, 1995. Wikipedia. Collaborative Innovation Network [EB/OL]. http: //en. wikipedia. org/wiki/Collaborative_ innovation_ network.

[336] Wright M, Clarysse B, Lockett A, et al.. Mid-range universities' linkages with industry: Knowledge types and the role of intermediaries [J]. Research Policy, 2008, 37 (8): 1205 – 1223.